RICARDO FERRETTI

Cure seu passado!

Antes que seja tarde...

1ª edição

São Paulo, 2018

Copyright© 2018 by Editora Leader
Todos os direitos da primeira edição são reservados à **Editora Leader**

Diretora de projetos: Andréia Roma
Diretor executivo: Alessandro Roma
Marketing editorial: Taune Cesar
Gerente comercial: Liliana Araujo
Atendimento: Rosângela Barbosa

Capa e diagramação: Roberta Regato
Foto de capa: Robson Regato
Revisão: Miriam Franco Novaes
Impressão: Renovagraf

Dados Internacionais de Catalogação na Publicação (CIP)
Bibliotecária responsável: Aline Graziele Benitez CRB8/9922

F447c Ferretti, Ricardo
Cure seu passado antes que seja tarde / Ricardo Ferretti. – 1.ed. – São Paulo: Leader, 2018.

ISBN: 978-85-5474-052-8

1. Autoajuda. 2. Comportamento. 3. Equilíbrio emocional. 4. Relacionamento interpessoal. I. Título.

CDD 158.1

Índice para catálogo sistemático:
1. Autoajuda: comportamento
2. Equilíbrio emocional
3. Relacionamento interpessoal

EDITORA LEADER
Rua Nuto Santana, 65, 2º andar, sala 3
02970-000, Jardim São José, São Paulo - SP
(11) 3991-6136 / contato@editoraleader.com.br

A todos aqueles que um dia já se arrependeram de algo que fizeram e aos que já se sentiram injustiçados. No mundo existe o injusto e a injustiça, mas não há injustiçados. Somos os autores de nossas vidas e pagamos por nossas falhas, mas há o justo que é fiel a nos perdoar e permitir um novo começo.

Agradecimentos

A Deus, por ser nosso eterno perdoador e quem nos desperta e encoraja pacientemente para nossa correção, nos capacitando e sustentando para perdoarmos, da mesma forma como nos perdoa.

Aos meus pais, a quem, embora não estejam mais entre nós, serei eternamente grato por minha vida. Ainda que não tenha tido tempo de agradecê-los. Eu os perdoo e sou grato.

A Anna Beatriz Ferretti, o anjo que Deus colocou em minha vida, que me motiva e sustenta, e diariamente me perdoa e escolhe estar ao meu lado, me ensinando a perdoar da mesma forma que me mostra seu amor.

A Marina e Marcela, por conduzirem-me ao arrependimento, peço perdão e espero que um dia perdoem-me. Meu amor por vocês sempre será incondicional.

Aos meus irmãos, sobrinhos, afilhados e parentes, me perdoem.

A Deborah Epelman, mestra e amiga que me inspira e apoia, por seu exemplo de vida.

Ao pastor Cliff Walling, presente de Deus que com paciência e dedicação tem me ajudado no conhecimento da Bíblia, respeitando minha ótica científica.

A todos os que magoei e ainda não tive a oportunidade de pedir perdão. Perdoem-me!

A todos que me magoaram ou tentaram contra mim intencionalmente, vocês me ajudaram a chegar até aqui, colocando desafios que me fizeram crescer. Eu os perdoo, e recebam também minha gratidão.

A todos os clientes, alunos e amigos que confiaram em mim suas dores e me permitiram aprender com suas histórias.

A todos que de alguma forma contribuíram com minhas experiências, meus conhecimentos e para que este livro se tornasse realidade.

Índice

Prefácio 10
Apresentação 12

PARTE 1
A vida e suas tribulações 19
O fator emocional das doenças 24
Sobre o perdão 29
Perdoar não é esquecer 33
Perdoar não é desculpar 36
Por que perdoar é tão difícil? 39
Consequências do não perdão 43
Quando não perdoar 46
Escolha perdoar 52
A evolução pelo perdão 56

PARTE 2
E quando sou eu o ofensor? 63
Devo mexer naquilo que está quieto? 67
E se eu estava certo? 70
Então devo pedir perdão? 73
E se o outro não me perdoar? 78

Preparando-se para a ação 81
Reconstruindo o autoconceito 85
Primeiro perdoar ou pedir perdão? 89
Sobre a ofensa 92

PARTE 3
Dando início à mudança 99
Autoperdão 103
Blindando as ofensas!! 107
Relações não são relacionamentos 111
Mude apenas o que pode ser mudado 116
Mãos à obra 120
Honre seu ser 125
Deixa ir o que não te faz crescer 129
Quando eu não consigo perdoar 134
E agora, como vai ser? 137

Bibliografia 140

Prefácio

Fiquei muito feliz e honrada com o convite para fazer este prefácio, pois conheci o Ricardo há muitos anos e nós tivemos quase imediatamente uma conexão forte de amizade e parceria.

Venho acompanhando sua trajetória desde que ele veio fazer comigo o Master Practitioner em PNL Sistêmica, depois o NLP Trainer's Training, entre outros seminários de PNL Sistêmica, e desde o início observei nele uma forte crença sobre a sincronicidade que advém da Física Quântica e do chamado "Campo de Infinitas Possibilidades".

Acompanhei sua decisão de fazer Psicologia, tamanha sua vontade de compreender o funcionamento do ser humano, o que, é claro, só enriqueceu ainda mais uma cabeça já voltada, mesmo como "empresário de sucesso" (assim o conheci), a fazer algo para colaborar com a construção de um mundo melhor.

E então veio a ideia de escrever este livro, pois o assunto perdão vem rondando sua vida pessoal e profissional, e quase o "empurrou" a compartilhar suas ideias e práticas consigo mesmo e com seus clientes.

Neste livro, Ricardo amplia, através dos inúmeros leitores, a sua atuação como profissional de saúde mental, podendo levar alívio ao sofrimento de muitas pessoas. Com uma linguagem muito acessível, ele mostra como é o processo para se perdoar e perdoar a quem nos ofende, que é possível, mas exige trabalho. Ele usa uma história de perda e traição para

ilustrar esse processo, e ressalta que o autoconhecimento e o autocontrole podem salvar a vida das pessoas em dificuldades.

Ricardo direciona os leitores a uma profunda reflexão sobre a história que ilustra o livro, para que possam aplicar em suas próprias vidas as ações que ele acredita serem os melhores caminhos para a cura de seu passado. Ricardo se baseia na Ciência Psicossomática, que aponta que o perdão não serve apenas para prevenção, mas também como tratamento auxiliar e no combate de muitas doenças.

Quando li o livro para poder escrever este prefácio, fiquei ainda mais orgulhosa por ter nele um amigo, um aluno, um parceiro, pois, de maneira simples, didática e profunda, ele consegue dar ao leitor base para de verdade se curar, através, principalmente, do perdão.

Dessa forma, tenho convicção de que, ao ler esse livro, você, leitor, terá numerosas opções de trabalhos internos para curar seu passado e viver a vida plena e intensamente!!

Grata, Ricardo, por compartilhar essas ideias e dar escolhas a quem quiser ter mais paz interior e qualidade de vida!!

Deborah Epelman
Psicóloga & NLPU Affiliate Master Trainer

Apresentação

São Paulo, setembro de 2018. Diz o ditado popular que a grama do vizinho é mais verde. Por muito tempo em minha vida disse que meus vizinhos tinham sorte, não porque a minha grama fosse mais verde, sequer ainda tive um jardim que pudesse ser apreciado, mas porque muitas vezes acreditamos que algumas coisas só acontecem na casa do vizinho. Daí a sorte dos meus vizinhos, porque era na minha casa, na minha vida que as coisas aconteciam. Por isso e muito mais, sou grato!

Com muita frequência, ao encontrar amigos após algum tempo, eles me recebiam com um largo sorriso e me perguntavam o que havia de novo. Sei que no fundo esperavam uma história surpreendente, como tantas que eu já havia contado sobre minha vida e, quando não havia nada de novo, tratavam de lembrar-se de alguma situação que eu tinha vivido e partilhado. Creio que seus sorrisos não eram tanto por minha narrativa, mas pela alegria de não ser com eles.

"Mas vós sois a geração eleita, o sacerdócio real, a nação santa, o povo adquirido, para que anuncieis as virtudes daquele que vos chamou das trevas para a sua maravilhosa luz."

1 Pedro 2:9

Não foram poucas as vezes que ouvi que devia escrever um livro sobre minha vida. Embora essa ideia tenha me acompanhado por muito tempo, nunca tinha encontrado uma razão para publicar mazelas e como isso poderia ser do interesse de alguém. No momento em que me decidisse por isso, certamente não seria com esse tipo de assunto.

Como não existe acaso, após o começo de minha carreira profissional passei a construir seminários e escrever alguns artigos. Por certo tempo escrevi uma coluna para uma pequena revista, mas eram artigos em que eu partilhava meus conhecimentos técnicos e nada mais.

Com o tempo, no exercício de minha profissão, passei a encontrar um grande prazer em ver o alívio do sofrimento alheio. É extremamente gratificante quando alguém chega até você e diz que você teve um grande impacto positivo na vida dela, que te conhecer a fez ser melhor. E isso nunca foi um privilégio do meu exercício profissional, mas antes eu nunca tinha dado importância a isso. Eu não me orgulhava nem refletia sobre a forma como eu impactava as pessoas, nem positivamente, tampouco negativamente.

Apesar das inúmeras adversidades e acidentes que sofri, inclusive um que me levou a uma EQM (Experiência de Quase Morte), nunca me permiti sentir-me vítima ou paralisar diante das adversidades. Após o acidente, durante o período de EQM e por alguns anos, a sensação que vinha a minha memória era de uma paz jamais experienciada.

Algumas histórias de pacientes e pessoas com quem tive contato me marcavam mais que outras, e até aí tudo normal. Trabalhei um período com pessoas suicidas e pacientes terminais de doenças degenerativas (câncer, esclerose, Parkinson etc.) e os efeitos de suas dores eram tão diferentes quanto suas reações. Mas o arrependimento por não terem feito algumas coisas, paralisados por suas mágoas, sempre me chamou atenção. É muito comum você encontrar pessoas arrependidas em seus leitos de morte.

Assim como outros que não serão citados neste livro, a história de Gabriela (nome fictício), de que usei apenas uma pequena parte no início deste livro, foi uma das que me marcaram fortemente. Sua história, sua dor, o seu sofrimento e dos envolvidos não me pareciam justos. Realmente viver não é seguro e o mundo não é um lugar seguro como desejamos.

Durante o acidente que sofri, não tive sofrimento nem tempo de alguma reflexão, estava fazendo algo e "pah". Aconteceu! Nem soube como aconteceu, só sei que voltei. Voltei sem saber sequer que tinha ido, ou para onde fui. Estava fazendo uma tarefa e agora estou no quarto de um hospital com um monte de gente a minha volta. Ainda nem me perguntei o que teria acontecido, mas aquela paz. Ah, eu quero sentir aquela paz novamente, aquela sensação de plenitude. Essa passou a ser a minha busca.

Vida que segue, sorte para meus vizinhos... Mais sorte para meus vizinhos, mas no fim eu sempre supero, não nasci para desistir e cada vez mais vejo pessoas sofrendo, a cada estudo as previsões são catastróficas acerca da saúde da humanidade, falta-nos assertividade, falta-nos empatia, falta-nos resiliência, falta tanta coisa e outras tantas sobram.

Mas espera um pouco, tem algo diferente acontecendo, passados quase dez anos após o acidente a sensação de paz e plenitude não tinha sido encontrada, realizei muitos sonhos, conquistei muitas coisas, mas faltava algo. As pessoas que vi se arrependerem em seus dias finais também tiveram dias "normais" em suas vidas, até que a doença as dominou. Para alguns eram doenças já conhecidas que foram tomando forças, outros as encontraram de forma súbita. E realmente não desejo isso para mim.

Alguns partiram em paz, já tinham se arrependido e perdoado seus "algozes", que muitas vezes eram eles próprios. Outros partiram sentindo-se "injustiçados", quem deveria estar em seus lugares estava curtindo a vida numa boa. Não importa, seus corpos não tiveram tempo de se recuperar. Se poderiam ter tido mais tempo, nunca saberemos, mas que ao menos poderiam ter aproveitado melhor seus dias, disso jamais tive dúvidas.

E quanto aos suicidas, escolhas definitivas para problemas temporários, aos olhos de quem não vivia suas dores questões banais e tão simples de serem resolvidas. Mas, aprisionados em suas dores e lixos emocionais, não se perdoaram! E como fazer diferente, se ninguém lhes ensinou. Talvez ensinem em alguma igreja, mas de forma geralmente superficial e de atitudes simplistas, como se apenas falar que perdoavam algo fosse suficiente.

Em todas as passagens bíblicas que relatam milagres realizados por Jesus na Terra mediante a solicitação de alguém, quase a totalidade demandou alguma atitude por parte de quem pediu. Não que Jesus precisasse de ajuda, mas por sua sabedoria em forçar o pedinte a participar ativamente de seu processo.

Deus não precisa de suas ações para fazer milagres, mas provavelmente não realizará muitos na sua vida se você não trabalhar arduamente para alcançar seus resultados.

E foi quando, durante um processo de alcance de metas, naquela hora em que estamos felizes por algo que está acontecendo conforme desejávamos, parei, orei e pude perceber que eu estava alegre, estava feliz, orgulhoso, mas ainda faltava algo. Havia medo também, havia uma sombra de algo que não deveria estar ali. Havia algum sentimento que não estava harmônico com tudo que estava vivendo.

Felizmente pude prestar atenção em mim num momento de alegria, diferente de tantos que conheci que não perceberam a hora de parar e foram parados quando pouco ainda podiam fazer. Mergulhei fundo naquela sensação e não foi fácil aceitar que havia uma grande quantidade de lixo emocional em minhas memórias, mágoas, ressentimentos, necessidade de vinganças e muita negatividade estavam ali, como uma mancha de óleo que flutua na água. Eu precisava tirar aquilo dali.

Foi um grande desafio, especialmente para um profissional de saúde mental, área de atuação em que por vezes deixamos de olhar para nós mesmos e minimizamos nossas dores com nossa intelectualidade em face das dores de nossos clientes. Mas eu tinha uma meta, trazer para minha vida cotidiana aquela sensação de plenitude que o acidente me proporcionou.

E o caminho que escolhi tem me feito chegar cada dia mais perto de meu objetivo. Ainda há muito a percorrer, mas sentir que caminho nessa direção tem sido muito gratificante, seus resultados são inimagináveis e é essa forma de caminhar que compartilho contigo neste livro, desejando que desfrute dos mesmos resultados que tenho alcançado. Procurei escrever de forma bem simples, inclusive com sugestões de técnicas e roteiros para ajudar no seu processo.

Seja generoso consigo mesmo, não espere que exista mágica, é um processo, exige trabalho. Mas os resultados alcançados, além de proporcionarem uma vida muito mais feliz e saudável, contribuem em muito com a construção de um mundo muito melhor para todos nós.

www.cureseupassado.com.br

CURE SEU PASSADO!
ANTES QUE SEJA TARDE...

PARTE 1

A vida e suas tribulações

"Viver não é seguro, e definitivamente o mundo não é um lugar seguro."

Gabriela era uma mulher bem-sucedida e o que se pode dizer: tinha tudo para ser feliz. Casada há 27 anos, empresária, dois filhos criados, sócia de seu marido em uma empresa sólida e líder no segmento na região onde viviam.

Frequentemente saía para jantar fora com seu marido e aos finais de semana recebia familiares e amigos em sua confortável casa. Sempre viajavam, conhecia várias cidades ao redor do mundo e os melhores resorts. Tinha tudo o que a maioria das pessoas desejam: uma boa casa, carros novos, uma empresa sólida, filhos educados e encaminhados na vida, um neto a caminho, boa saúde e um casamento, digamos, maduro.

Nascida em um lar religioso, sempre frequentou a mesma igreja desde criança, no fim da adolescência conheceu Felipe, rapaz honesto e trabalhador, frequentador da mesma igreja que Gabriela, com quem se casou e além do casamento constituiu sociedade em uma pequena empresa, já que ambos exerciam a mesma profissão.

Em pouco tempo a empresa já apresentava notável crescimento, e precisava contratar pessoas. Gabriela e Felipe concordaram que Marta, amiga de infância de Gabriela, seria a pessoa mais indicada, era de confiança, participou de vários momentos da vida deles e torcia pelo sucesso do casal.

Marta estava desempregada, tinha o perfil ideal para trabalhar aos finais de semana e quando o casal quisesse viajar: era solteira, afinal, nunca gostou de namorar, dizia que prendia demais e preferia preservar sua liberdade a ter que viver dando satisfação para um marido e cuidando de filhos, não havia nascido para isso, e que a sorte de Gabriela e Felipe não era para todos.

Anos se passaram e tudo correu como todos haviam planejado. A empresa era sólida e permitia que Gabriela e Felipe vivessem seus sonhos, tinham Marta, que cuidava com muito zelo da administração da empresa e dava conta nos períodos de viagens e férias do casal.

Como viver não é seguro e definitivamente o mundo não é um lugar seguro, e todos, eu disse todos nós, em algum momento iremos passar por diferentes provações, a narrativa acima foi verídica por muitos anos na vida do casal.

Em um dia normal de trabalho, Gabriela vai até a sala de Marta, e não a encontra, ainda que não fosse comum Marta estar fora de sua sala sem que Gabriela soubesse. Gabriela sai para retornar mais tarde e resolver com Marta o que precisava, enquanto se dirige ao banheiro.

Ao chegar ao banheiro, Gabriela encontra Marta passando mal, vomitando e tonta. Marta não sabe o que aconteceu e as razões de seu mal-estar, talvez algo que tenha comido. Gabriela ajuda a amiga e funcionária e a manda para casa. Os dias passam e Marta não melhora, vomita sem parar e resolve ir ao médico. Aos 43 anos, Marta está grávida.

Logo Marta, que nunca quis se casar, ter filhos, estar grávida nesse ponto da vida foi uma surpresa para todos. Gabriela, surpresa com a notícia, cobra da amiga nunca lhe ter contado sobre algum relacionamento, afinal, eram as melhores amigas uma da outra, conviviam diariamente, e como Marta nunca lhe falou nada? A culpa toma conta de Gabriela, talvez tenha se acostumado com a vida profissional e se afastado da amiga, talvez por ter muitas preocupações e contar com Marta, tenha se esquecido de olhar para a amiga.

Diante de tamanha culpa, lembrando-se de como foi desafiante ser mãe e empresária, e a importância do apoio de Marta durante todo esse tempo, Gabriela conta para Felipe e diz que agora seria a hora de retribuir tudo o que Marta havia feito por eles, durante toda a vida.

Felipe responde que Marta seria irresponsável e que a única ajuda que poderia fornecer seria encontrar algum médico para fazer o aborto do filho dela, uma vez que já tinha idade avançada para ser mãe e eles já pensavam em reduzir o ritmo de trabalho. Ainda tinham um neto a caminho e logo Gabriela ia precisar ajudar sua filha com o bebê. Ter que abrir mão do trabalho de Marta seria algo impensável naquele momento.

Desapontada com a postura de Felipe, Gabriela está certa de que deve dar total apoio à amiga e fiel funcionária que por tantos anos permitiu que seus sonhos se realizassem, e, embora segura de que deveria dar apoio incondicional a Marta, a curiosidade a respeito do "pai" da criança era constante para Gabriela.

Os dias passam e, na mesma proporção da curiosidade de Gabriela, cresce a irritação de Felipe diante da decisão de Marta levar a gravidez adiante e assumir perante todos que será mãe.

Embora ser mãe aos 43 anos não seja tão usual, a cada dia mais a Medicina tem conseguido sucesso no suporte a esse tipo de gravidez. Ser mãe "solteira" também já não é um fato tão relevante em nossa sociedade, mas ainda não há consenso sobre a ideia de "produção independente" ao ponto de não haver uma certa curiosidade sobre a paternidade, e com Gabriela não foi diferente.

Interessante é que o significado dos acontecimentos é algo individual, o que para alguns pode ser algo negativo, para outros é motivo de grande alegria. O que para muitos é um desafio, para outros é algo extremamente fácil de resolver. Somos diferentes, únicos, *experts* em algumas situações e completamente incompetentes em outras, desenvolvemos muitas habilidades ao longo de nossas vidas, e, pelas mesmas razões, acabamos por sacrificar outras.

A maioria das pessoas ainda não recebe educação emocional nas escolas e na família, a Psicologia é uma ciência muito nova, nossos pais, em sua maioria, também desconhecem como desenvolver conscientemente o controle de nossas emoções e sentimentos, e, de qualquer forma, nunca estaremos completamente aptos para todas as circunstâncias que a vida nos apresenta. Algumas habilidades só serão desenvolvidas, forjadas na adversidade e vamos precisar de estratégias para superá-las. Lembra-se da frase "Viver não é seguro, e o mundo não é um lugar seguro"?

A esta altura da história, você já deve estar pensando: já sei, ou só ela para não ver, quem sabe? Já era de se esperar. Nos dias atuais talvez esta parte da história seja previsível, e seu desfecho, mantidas as proporções, mais comum ainda, e infelizmente pouco identificada.

Diante das constantes indagações, Marta não só assume sua gravidez, como revela a todos que Felipe é o pai do filho que está esperando, e que, mesmo antes de começar a trabalhar na empresa deles, sempre teve um relacionamento afetivo com Felipe, embora reconhecendo que jamais teve vontade de casar-se com ele, ou constituir família. Preferiu viver dessa forma e estava feliz desse jeito.

Gabriela, que durante toda a sua vida desfrutou da estabilidade, experimenta agora o caos. Seus valores não contemplam um triângulo amoroso, ainda que tenha sido dessa forma que tenha construído e vivido grande parte de sua vida e de seus sonhos. Tinha sido traída por algumas das pessoas mais importantes de sua vida.

Seu casamento, sua empresa (vida profissional), sua reputação (religião e vida social), sua autoestima ruíram. Seus valores, suas memórias e até mesmo sua gratidão estavam em cheque, estavam manchados e ela experimentava uma dor ímpar, não tinha em quem confiar, sua melhor amiga e seu marido a haviam traído, não havia ninguém a quem pudesse recorrer ou se solidarizar com sua dor.

Como se alegrar com a vinda de um neto, se ao mesmo tempo sua melhor amiga gerava um filho de seu marido? Como trabalhar, se Marta era sua assistente de confiança e Felipe seu sócio? Como ir à igreja, se Felipe também era membro da mesma igreja desde a adolescência? E os amigos, vizinhos, clientes, outros funcionários? Ninguém mais é capaz de sentir a dor de Gabriela, logo ela, que a vida inteira foi capaz de colocar seus planos em prática e sempre obteve sucesso em tudo, agora está só com sua dor e sem controle algum sobre os fatos.

Gabriela em seu luto se tranca em casa. Não vai mais à empresa, não vai à igreja, tem vergonha dos filhos, não consegue ouvir a voz de Felipe. Pede a ele que saia de casa, ao mesmo tempo que não sabe como vai viver sem ele. Sua mágoa a sufoca e aprisiona. Está paralisada.

Seguramente Gabriela poderia ter tido inúmeras outras reações, mas sua estrutura psíquica não permitiu que ela fizesse outra escolha. A apatia, e posterior paralisia, foi o que ela conseguiu fazer para se proteger no momento em que seu mundo desabou diante das circunstâncias.

Em determinados momentos de nossas vidas, somos completamente incompetentes, ainda que para muitos não existam razões para isso, cada pessoa responde de acordo com seus recursos e seu modelo de mundo. Não temos como prever o que irá nos acontecer e como iremos reagir, mas seguramente, na medida em que desenvolvermos o maior número de recursos possíveis, poderemos ter respostas mais rápidas e efetivas.

Precisamos tomar consciência de que não podemos controlar ou prever as tragédias que irão nos abater, tampouco devemos viver esperando-as, mas podemos e devemos adotar hábitos potencializadores, desenvolver habilidades e livrarmo-nos do lixo que não precisamos carregar ao longo de nossas vidas e, provavelmente, teremos a força e a criatividade necessárias para minimizarmos os efeitos danosos desses eventos sobre nossas vidas.

Trata-se de preservar nossa saúde física, mental e emocional ao máximo. Dispensar a mesma energia que aplicamos no ter, nas nossas metas de consumo, em nossa saúde mental e emocional. Uma boa roupa, um bom carro não o sustentam no luto, mas o autoconhecimento e o autocontrole podem salvar sua vida.

"Neste mundo vocês terão aflições; contudo, tenham ânimo! Eu venci o mundo."
*João 16:33*6

O fator emocional das doenças

"Doenças são palavras não ditas."
Jacques Lacan

No momento em que calamos, calamos não só nossa expressão, nossa fala, mas todas as emoções associadas ao que deveríamos ou precisaríamos ter dito. Isso não significa que devemos falar qualquer coisa, ou que a falta de assertividade seja uma qualidade. O falar nesse sentido é a elaboração dos fatos e a expressão da nossa identidade, da nossa subjetividade.

Quando nos faltam recursos para alguma situação, existe uma grande tendência de interiorizarmos a questão sem a devida elaboração. Emoções desorganizadas tendem a se associar a outras semelhantes, provenientes de situações muitas vezes completamente diferentes, que só se assemelham pelo fato de não terem sido elaboradas, e ficarão registradas em nosso inconsciente, nos dirigindo para longe daquilo que cremos não sermos capazes de resolver.

Luto, tristeza e depressão são estados emocionais completamente diferentes, ainda que para a maioria das pessoas possam parecer semelhantes ou iguais. E as consequências sobre nosso corpo físico também. Para a maioria das pessoas, Gabriela teria razões suficientes para qualquer um dos quadros acima, e não somente esses.

Diante das circunstâncias em que foi envolvida, a representação de Gabriela foi de ter sido exposta a um trauma, e seu desdobramento, o que a Ciência chama de transtorno do estresse pós-traumático ou TEPT. Suas consequências são imprevisíveis e individuais, e deveria ser acompanhado por um profissional de saúde mental e emocional, no caso um psicólogo.

Passadas algumas semanas, Gabriela começa a sentir-se fraca, seus filhos atribuem a fraqueza à alimentação deficiente e irregular a que se tem submetido, até o dia em que resolvem levá-la ao médico.

Nenhum quadro clínico foi identificado, exceto as razões emocionais para seu caso, até que uma rouquidão deixa Gabriela sem voz. Sua perda de peso é aparente, e a fraqueza crescente. Gabriela começa a ter dificuldades de andar e fazer tarefas básicas, como tomar banho e se alimentar.

Nicolas, o neto de Gabriela, nasce, e ela praticamente não consegue segurá-lo, tampouco ajudar sua filha, que agora precisa se ocupar de sua nova rotina. Felipe segue na empresa, agora sem Gabriela e Marta, que se afastou pela gravidez avançada. Gabriela, que ainda não conseguiu elaborar sua tragédia, é diagnosticada pelos médicos com esclerose lateral amiotrófica.

Marta dá à luz a um menino, Felipe assume a paternidade e de alguma forma as pessoas se alegram com o menino, alegando que o mesmo não tem culpa dos fatos.

Alguns poderão pensar apenas que uma tragédia se abateu sobre essas pessoas. Outros talvez possam julgar Felipe, Marta e até mesmo Gabriela, por nunca ter desconfiado das traições. Talvez alguém esteja pensando que deixaria Marta e Felipe sem nem um "tostão" e aproveitaria a vida com tudo que construiu, e mais uma infinidade de posturas e saídas, tantas quantas as pessoas que tomarem conhecimento desta história.

Tal postura é previsível e só serve para julgar e condenar os personagens, em um nível extremamente superficial que em nada nos acrescentaria conhecer esta história, como tantas outras de que tomamos conhecimento, ou vivenciamos ao longo de nossas vidas.

Compreender e se solidarizar com Gabriela também em nada muda os fatos, encontrar uma punição para Marta e/ou Felipe, muito menos. Então, por qual razão compartilhei a história desses personagens?

Nem por um instante, supus alguma falha no atendimento e diagnóstico médico da paciente, e não haveria razões para tal, tampouco seria importante. Da mesma forma, poderíamos nos conformar em tratar-se apenas de mais um elemento nesta tragédia, mas convido o leitor a pensar na possibilidade de que, de acordo com a Medicina, muitas e, em minha opinião, todas as doenças possuem ao menos um fator emocional que pode nos levar à morte.

E é neste ponto que precisamos despertar. Possuímos reservas suficientes para as possíveis tragédias da vida? Algumas pessoas se preocupam com suas reservas financeiras, se sustentam no dinheiro. Tenho casa própria, carro, seguro de saúde e algum investimento: estou preparado! Isso é um engano, precisamos nos preocupar com nossas reservas de saúde física e mental também.

A Psicossomática a cada dia toma mais força no meio médico-acadêmico, e verifica-se a necessidade crescente de uma abordagem físico-mental na prevenção, no tratamento e na cura de muitas doenças. Sabemos que tão importante quanto a cura de doenças, faz-se mister uma postura preventiva para os sadios. Alimentação balanceada, atividade física regular, meditação e inúmeras outras sugestões e descobertas são anunciadas diariamente como responsáveis pela criação e manutenção de saúde e bem-estar.

A questão é que a imensa maioria, ou quase totalidade, com exceção das práticas de meditação, Yoga e algumas outras, focam no aspecto físico, e nosso foco é a questão do componente emocional no adoecimento. Embora crendo que toda e qualquer atitude focada em saúde é positiva, a eficácia ainda é muito limitada, e muito se dá por não contemplar o aspecto emocional da vida.

Convido o leitor a lembrar-se da história narrada no início deste livro e prestar atenção em sua Fisiologia, quais os sentimentos que percebe? Com qual personagem mais se identificou? E como esta percepção manifesta-se em seu corpo físico? Talvez alguém que já tenha experimentado uma traição afetiva tenha se sentido extremamente desconfortável e isto se dá devido aos registros de alguma experiência, que não necessariamente irá sozinha lhe causar uma doença, como para Gabriela, mas ao longo da vida, somada a outras experiências que produziram um "lixo" emocional, se não vier a facilitar o adoecimento, seguramente torna-se desnecessário carregá-lo por toda a vida, sem uma elaboração.

Vivemos em um ambiente extremamente hostil, e não somos desenvolvidos e/ou preparados suficientemente para lidar com todas as adversidades a que somos submetidos, sem considerar ainda que nosso aparelho psíquico leva anos para se desenvolver e desde o nascimento estamos sujeitos a situações extremas, em que certamente faremos representações distorcidas que nos acompanharão por toda a vida, e a maioria desses registros estarão em nosso inconsciente, mas nem por isso sem influenciar o direcionamento de nossas escolhas e atitudes.

Vivemos expostos a uma infinidade de fatos e circunstâncias, falta-nos tempo e competência para dar conta de todas as ameaças, traumas e frustrações, e muitas dessas situações serão armazenadas, como aprendizados, sem o devido tratamento emocional e compreensão, se tornando lixos emocionais que nos aprisionam e nos mantêm em uma condição estressante, submetendo nosso corpo físico a um estresse o qual ele não foi criado para suportar.

Nossas emoções são resultados de um sistema de proteção e alerta para a nossa sobrevivência, não devemos viver sob o efeito de nossas emoções. Não temos como controlar a manifestação emocional diante dos fatos, mas podemos e devemos encerrar esta manifestação o quanto antes, mediante a tomada de consciência e amadurecimento emocional. Para isso, toda e qualquer atitude proativa, seja a informação e/ou prática consciente de controle emocional, já é bastante eficaz.

Mas e quanto ao passado? E tudo o que já vivi e já acumulei? Todas as minhas dores, todos os meus traumas, como me lembrar de tudo e escolher o que pode ter contribuído para meu crescimento e o que está me adoecendo? Embora bem justificáveis, essas questões não precisam ser tratadas de uma forma tão detalhada para a maioria das pessoas.

Enquanto muitos se ocupam em descobrir os "porquês", outros tantos se motivam nos "como". Assim como a ciência trabalha no sentido de desvendar as razões e funcionamento de quase tudo, também há um segmento que simultaneamente trabalha para achar saídas para aquilo que não está funcionando bem.

E entre tantas descobertas, temos uma linha crescente no sentido de que o perdão não só é útil como prevenção, mas também muito eficaz como tratamento auxiliar e no combate de muitas doenças, principalmente as que já possuem comprovado fator emocional, como câncer, doenças degenerativas, depressão, ansiedade, pânico etc.

Passamos nossas vidas sendo obrigados a seguir em frente, independentemente de termos conseguido elaborar emocionalmente de forma saudável tudo aquilo que nos fere, e não existe uma escala de importância ou risco para esses fatos, é a subjetividade, a individualidade que irá determinar o grau de toxicidade da situação.

A Ciência moderna descobriu e criou diferentes medicamentos para a cura física, tem caminhado na direção da busca de medicamentos para as dores emocionais: ansiolíticos, antidepressivos e muitos outros, contribuem para uma melhor qualidade de vida, e em muitos casos são indispensáveis, para a melhoria da qualidade e manutenção da vida, mas não podemos desconsiderar práticas simples que podem nos devolver nosso bem-estar e a qualidade de nossas vidas, além de prevenirem ou contribuírem com a cura de determinadas doenças.

Precisamos também de educação e cura emocional, precisamos de autoconhecimento, aprender que há tempo de agir e tempo de parar, que devemos planejar na busca de um objetivo, mas estar conscientes de que falharemos, e isso não é o fim do mundo. Aprender a lidar com as frustrações, com as objeções e ainda assim pensar e sentir que vale a pena viver.

> *"O espírito do homem o sustenta na doença;*
> *mas, o espírito deprimido, quem o levantará?"*
> *Provérbios 18:14*

Sobre o perdão

"Aquele que não consegue perdoar aos outros, destrói a ponte por onde irá passar."
George Herbert

Embora seja muito frequente nas mais diferentes culturas pedir-se perdão por algum constrangimento, ofensa, embaraço ou contratempo que se tenha causado a outra pessoa, o ato de perdoar ainda está longe de ser uma prática humana cotidiana ou prioritária, na busca e/ou manutenção da saúde física e mental. Principalmente pelo fato de vivermos em uma sociedade extremamente competitiva, e possuirmos um aparelho psíquico voltado para a sobrevivência e preservação da espécie, em que a prática do perdão pressupõe aceitar uma grande perda.

Perdoar é muito mais do que pedir perdão, perdoar é uma atitude intra e interpessoal que a maioria dos humanos ainda não despertou para sua prática.

Perdoar significa desculpar, absolver, remitir (pena, culpa, dívida etc.). A origem vem do latim PERDONARE, o qual é formado pela preposição PER (= PARA) + o verbo DONARE (= DAR). Nas línguas neolatinas, a palavra perdoar, em Português, teve a mesma origem e formação, em Francês (= perdonner), em Espanhol (= perdonar), em Italiano (= perdonare) e, curiosamente, no idioma Inglês, portanto, uma língua não neolatina, a palavra perdoar guarda o mesmo sentido de PARA DAR (= forgive) (Etimologia de Termos Psicanalíticos, David E. Zimerman – Porto Alegre: Artmed, 2012).

De acordo com o Dicionário Aurélio Básico da Língua Portuguesa (2009), a palavra perdão pode ser definida como: (1) Remissão de pena; desculpa; indulto. (2) Ét. Renúncia de pessoa ou instituição à adesão às consequências punitivas que seriam justificáveis em face de uma ação que, em níveis diversos, transgride preceitos jurídicos, religiosos, morais ou afetivos vigentes. O verbo perdoar, de acordo com o mesmo dicionário, pode ser definido como: (1) Desculpar, absolver, remitir (pena, culpa, dívida etc.). (2) Poupar; evitar. (3) Conformar-se com; aceitar. (4) Conceder perdão a; desculpar. (5) Desculpar, absolver, remitir. (6) Conceder perdão, desculpa; remitir as faltas. (7) Conceder perdão ou desculpa e (8) Poupar-se.

No campo da Psicologia, já existe um crescente número de trabalhos a respeito do tema, inclusive no Brasil muitos trabalhos apontam para uma característica individual, ligada a assertividade, ajustamento social etc., mas também podemos encontrar estudos mais estruturados que envolvem principalmente a tradução e a validação, para o Brasil, da Escala de Atitudes para o Perdão (EFI), que avalia a disposição dos indivíduos para perdoar, e é frequentemente utilizada em estudos nos Estados Unidos e em outros países (Enright & Rique, 2001; Rique et al. 2007; Rique, Camino, Santos, & Gouveia, 2009).

No Código Penal Brasileiro existe o art. 107, que trata exclusivamente da extinção de punibilidade, que nada mais é do que o perdão, ou a clemência do Estado para situações expressamente previstas em lei, quando não se aplica a pena prevista para determinados delitos. Chamo atenção em especial para o Inciso IX - O Perdão Judicial - É possível o delinquente ser perdoado do crime que cometeu quando, em determinadas hipóteses previstas em lei, **o resultado de sua conduta lhe atingir de forma tão severa que a imposição da pena se mostra desnecessária e, até mesmo, demasiada.** (Grifo nosso.)

Não é preciso nenhuma reflexão mais profunda para concluir que o subproduto da ausência do perdão é o dano, a mágoa, o ressentimento, e que isso o atinge de forma tão severa que uma pena se torna desnecessária e, até mesmo, demasiada. Ora, desafio o leitor a citar um ser humano que ao viver alguma situação em que se faça necessária a prática do perdão e sua conduta de não o fazer não o esteja atingindo de forma tão severa que alguma pena se mostre desnecessária.

Portanto, até mesmo por uma questão de justiça, perdoar minimiza o dano causado pelo autor à sua vítima, perdoar é uma questão de justiça, de libertação, de evolução.

Embora no dicionário perdoar seja sinônimo de desculpar, na prática é diferente, assim como esquecer não é perdoar, como veremos no decorrer deste livro. Perdoar está relacionado a uma escolha, baseada na inteligência, sustentada no amor próprio.

Perdoar é aceitar uma perda, em detrimento de continuar perdendo por toda a vida, pois como veremos adiante ficar preso ao que já passou nos impede de vivermos o que está para vir, é renunciar ao novo por um apego exacerbado a algo negativo do passado.

A Organização Mundial de Saúde (OMS) define a saúde como "um estado de completo bem-estar físico, mental e social e não somente ausência de afecções e enfermidades". Devemos pensar em saúde levando em consideração o estudo da maneira como uma pessoa funciona em seu meio, o estudo do que acontece na fronteira de contato entre o indivíduo e seu meio. É nessa fronteira de contato que os eventos psicológicos têm lugar. Nossos pensamentos, nossas ações, nosso comportamento, nossas emoções são nosso modo de experiência e de encontro com esses eventos de fronteira. (PERLS, 1973).

Dessa maneira, torna-se impossível supor que alguém que não pratica o perdão, alguém que colecione mágoas e rancores possa vir a ser alguém saudável.

Outro fator importante a ser considerado na decisão de perdoar é que tal atitude não obriga o sujeito a uma reconciliação ou restauração do relacionamento que causou a mágoa. Estudos revelam que para muitas pessoas a possibilidade de uma reconciliação do relacionamento é fator impeditivo de sua prática, e com base em pesquisas podemos afirmar que algumas pessoas adotam a prática do não perdão como forma de se protegerem de relacionamentos tóxicos ou abusivos.

Embora compreensível, essa postura continua a trazer danos, tão ou mais nocivos que a manutenção do relacionamento, uma vez que os prejuízos sociais e emocionais se mantêm. Faz-se necessária a compreensão e contextualização da relação.

"Se tu, Senhor, observares as iniquidades,
Senhor, quem subsistirá?
Mas contigo está o perdão, para que seja temido."
Salmos 130 3:4

Perdoar não é esquecer

"Pode-se perdoar, mas esquecer, isso, é impossível."
Honoré de Balzac

Dita por um escritor na primeira metade do século XIX, a frase acima já alertava para a dificuldade entre o erro amplamente praticado de esquecer a ofensa e a concessão do perdão como frequentemente ouvimos. Na verdade, até mesmo na Bíblia, no livro do profeta Jeremias, capítulo 31, versículo 34, se afirma que Deus se esquecerá do fato, mas não sem antes tê-lo perdoado.

Mesmo no campo da Psicologia, embora sem consenso acerca do conceito de perdão, quase a totalidade dos autores faz menção à diferenciação entre perdoar e esquecer.

Convido o leitor a pensar em algum pequeno acidente que lhe tenha causado uma lesão. Sabemos que logo após o evento aquela lesão dói, com o passar do tempo a ferida cura, e talvez possa ficar uma cicatriz. Dependendo do tamanho da lesão, algumas cicatrizes quando tocadas ou em outras ocasiões doem, mas com o tempo é provável que a dor passe, mas isso não implica o sumiço da cicatriz.

A cicatriz está lá, mas não necessariamente a dor. Assim é com o perdão: é livrar-se da dor que aquele evento lhe causou e o fato de ter uma cicatriz não lhe condena a sentir a dor daquele evento por toda a vida.

Sabemos que nossas memórias são formadas a partir da carga emocional associada ao fato, razão pela qual é tão difícil livrar-se daquilo que nos prejudicou ou magoou. Mas, também sabemos que tais memórias existem como um recurso para que possamos nos proteger dos perigos do mundo.

Portanto, torna-se inútil tentar esquecer algo como condição para o perdão. Ao contrário, para a ação do perdão faz-se extremamente necessário lembrarmo-nos dos fatos e suas consequências, a fim de partimos para a sua elaboração, sua ressignificação, da análise do contexto e construção da ação do perdão.

Esquecer pode ser até possível, quando o evento é relativamente simples, ou no caso de ser muito traumático, como um mecanismo de defesa, o que não significa que, pelo fato de não estarmos conscientes, a dor do mesmo e o possível aprendizado distorcido não se manifestem em nossas ações e emoções.

Esquecer é um movimento de fora para dentro, algo que nos atingiu, algo externo que nos afetou e que fica encoberto em nossa memória, mas que as consequências e aprendizados nos moldam. Enquanto perdoar é um movimento de dentro para fora, é a elaboração do que nos afetou e a devolutiva ao externo de alguma ação ou comportamento que nos liberta da dor.

Condicionar o perdão ao esquecimento é a maior armadilha a que o ser humano pode se submeter. Pois é impossível para a mente humana esquecer algo intencionalmente, simplesmente porque há uma intenção, e se há uma intenção, há uma atenção, que nada mais é do que uma concentração de energia em algo, o que aumenta ainda mais os seus efeitos.

Por isso, sejamos sábios e coloquemos a atenção de forma positiva, buscando enxergar as outras possíveis razões, mudar as emoções associadas às lembranças negativas, e libertar-se da dor causada por ele. É a elaboração dos fatos que irá permitir que nossas memórias não venham a doer, e sejam usadas como aprendizado e recursos para experiências futuras, sem a mágoa, sem a dor associada naturalmente, baseada no funcionamento de nosso instinto de sobrevivência, de nossa estratégia primitiva de lutar ou fugir. É para isso que desenvolvemos nossa inteligência, nossa cognição.

Perdoar é, mesmo se lembrando dos fatos, estar liberto do sofrimento que estes causaram, é não sentir as dores, nem a necessidade do revide ou condenação do autor. Perdoar é uma atitude de inteligência, é uma decisão para se libertar de um sofrimento que é seu e de mais ninguém. E que não importa se esse sentimento é decorrente de uma injustiça, de uma agressão ou de uma traição. Você não precisa disso para viver.

> *"Perdoarei as suas iniquidades*
> *e dos seus pecados jamais me lembrarei."*
> *Jeremias 31.34c*

Perdoar não é desculpar

*"Quem quer encontra um meio,
quem não quer encontra uma desculpa."*
Provérbio árabe

Outro erro bastante frequente é desculpar ao invés de perdoar, pois, além de ineficaz, em nada contribui com a cura da dor do ofendido.

Supomos que uma pessoa esteja bebendo algo, e que por alguma razão entorne o conteúdo do que estava bebendo sobre outro, causando um grande embaraço. Nesse caso devemos DES-CULPAR a pessoa, pois a mesma não teve a intenção de causar transtornos, ela não teve culpa pelo ocorrido, portanto, é merecedora de ser "des-culpada", foi evento fortuito, que pode ter aborrecido, mas não há mágoa ou ofensa.

Desculpar é tirar a culpa, mas isso não implica perdoar, pois geralmente a desculpa é um acordo condicionado a algumas circunstâncias que não se repetirá. Isso pode até restabelecer o relacionamento, mas não implica perdão.

Acredito que, se nos virmos envolvidos no exemplo do líquido entornado, e se, logo após desculparmos a pessoa, ela voltar a entornar algo sobre nós, não reagiríamos ao evento exigindo atenção do causador do acidente? Isso ocorreria, pois, embora tendo sido desculpado, o fazemos na expectativa de que não ocorrerá fato semelhante a partir da mesma pessoa.

Outro bom exemplo é o caso de uma mãe que possua um filho que cometa crimes, ela sabe que seu filho é culpado, pode até repreendê-lo ou denunciá-lo para que pague pelos seus atos, mas, tomada pelo amor incondicional, ela o perdoa.

Desculpar é uma atitude em relação a algo que aconteceu, está voltada para o passado, enquanto perdoar é uma construção para o futuro, é acreditar que os envolvidos podem criar algo diferente e novo. É aceitar uma perda, um prejuízo e ainda assim conceder o crédito. É reconhecer que aquela pessoa tem condições de agir de forma diferente.

Embora bastante importante nas relações humanas, a desculpa normalmente é usada nos casos em que é possível reparo, o dano é pequeno ou inexistente, mas para a necessidade do perdão geralmente a reparação não é possível ou não é algo tão simples, existe um prejuízo considerável.

Certa vez li algo que traduz a ideia central deste capítulo, que dizia: "Desculpar é retirar a culpa, enquanto que perdoar é amar o culpado. Desculpar é tão insignificante que mesmo na Bíblia existe somente uma citação à desculpa por Jesus (João 15:22), e ainda assim no sentido de justificativa e não de retirar a culpa".

A desculpa é uma prática social, que facilita o convívio, mas não necessariamente nos liberta de uma dor, e este é um excelente parâmetro para verificarmos a existência de uma necessidade de perdão. Se, após o evento, ainda que com pedido de desculpas e reconhecimento de ausência de culpa por parte do ofensor, a lembrança dos fatos nos traz algum incômodo ou dor, talvez perdoar seja uma escolha inteligente para não acumularmos resíduos emocionais de algo que não contribui com nosso bem-estar.

A necessidade é individual, não cabe julgar se o evento em questão possui gravidade ou não. A decisão deve vir a partir da análise de quanto aquilo nos magoou.

Tomemos novamente como base o exemplo do líquido derramado. Se isso ocorreu durante uma festa, um momento que havia sido esperado e desejado por algum tempo e obrigou a pessoa a ir embora, ou passear pela festa com a roupa manchada. Esse fato pode representar um grande constrangimento, pode incomodar a pessoa por muito tempo, pode fazê-la sentir vergonha, isso é legítimo. O que não é justo é essa pessoa, que já teve seu prazer ceifado por um acidente ou negligência, ainda fazê-lo durar uma vida inteira ou roubar-lhe o prazer de ir a festas.

Precisamos escolher com consciência como vamos nos lembrar dos fatos que não foram agradáveis, organizar as emoções, e, para situações como essas, a prática do perdão é bastante eficaz. Ela permite que a pessoa tenha um grande controle de como viverá suas lembranças, traz empoderamento e liberdade para sua vida.

Reconhecer a emoção, praticar a empatia, escolher como quer viver seus dias são práticas de pessoas emocionalmente maduras. É algo que empodera, fortalece a autoestima e afasta os riscos de adoecimento.

"Senhor, quantas vezes deverei perdoar a meu irmão quando ele pecar contra mim? Até sete vezes?"

Mateus 18:22

Por que perdoar é tão difícil?

> *"Estou convencido das minhas próprias limitações
> - e esta convicção é minha força."*
> Mahatma Gandhi

Existem várias razões que limitam nossa capacidade de perdoar, eu disse limitam, mas não impedem. Entendo que, uma vez que o leitor consiga compreender ao menos parte de seus esquemas psicológicos, poderá dar início à construção de uma cultura de perdoar, pois, como disse anteriormente, perdoar é também uma questão de inteligência e amor próprio.

RAZÃO 1: INSTINTO

Segundo Frederic Skinner (1904-1990), cientista americano do comportamento e do aprendizado: "Quase todos os seres vivos agem buscando livrar-se de contatos prejudiciais... Provavelmente, esse tipo de comportamento desenvolve-se devido ao seu valor de sobrevivência". (Skinner, 1983, p. 24).

Existem inúmeros cientistas e um razoável número de teorias que corroboram a prática do perdão, mas o objetivo deste livro não é justificar as mesmas no ambiente acadêmico, apenas despertá-lo para uma tomada de decisão. Creio que podemos apenas nos ater à teoria de Skinner sobre um dos elementos do controle aversivo do comportamento: a punição.

Para Skinner, "a punição destina-se a eliminar comportamentos inadequados, ameaçadores ou, por outro lado, indesejáveis de um dado repertório, com base no princípio de que quem é punido apresenta menor possibilidade de repetir o mesmo comportamento..." Daí ser tão frequente o rompimento das relações quando a ofensa se dá em determinados tipos de relacionamentos, e até mesmo a manutenção do relacionamento, como via de punição em alguns casos de relacionamentos tóxicos.

O que não se leva em consideração é que tal atitude, na maioria das vezes, aumenta o prejuízo daquele que a adota, pois, de acordo com a mesma teoria de Skinner, há os efeitos colaterais pela adoção da punição, tais como:

- Identificação de respostas emocionais.

- Supressão de outros comportamentos além do punido. Como exemplo no caso de casais que interrompem as práticas sexuais.

- Emissão de respostas incompatíveis ao comportamento punido. No exemplo acima, pode provocar a infidelidade conjugal.

- Contra-controle (uma nova resposta que impede que o agente controlador mantenha o controle sobre seu comportamento).

É como aquele velho ditado sobre a vingança, que diz que é como tomar veneno e esperar que o outro morra. Ainda que não se busque uma vingança, o não perdão provoca alterações significativas no equilíbrio homeostático e emocional do ofendido.

Vale ressaltar que a teoria de Skinner é pautada no comportamento, portanto, na manifestação física de nossa vida, e ainda assim ficou fácil de perceber no primeiro efeito colateral o efeito emocional dessa atitude, e o provável dano do "não-perdão" em nossas vidas.

RAZÃO 2 – SENSO DE JUSTIÇA

"Não sejas demasiadamente justo, nem demasiadamente sábio; por que te destruirias a ti mesmo?" Eclesiastes 7:16

Todos nós temos uma autoimagem, e é através dela que vivemos. O problema é que, a menos que você seja algum iluminado, que já tenha transcendido sua existência, razão pela qual provavelmente não estaria lendo este livro, essa imagem não retrata seu real tamanho.

Vivemos motivados por uma expectativa norteada por nossa autoimagem que jamais será atendida. Temos valores próprios que não necessariamente são compartilhados como os dos outros. E na maioria das vezes escolhemos não perdoar por acharmos que não merecíamos o tratamento, ou a ação que recebemos, quer pelo que fazemos ou não fazemos, não é justo o que recebemos.

E essa já seria uma excelente razão para perdoarmos, justamente para não retermos aquilo que não merecemos, mas raramente o fazemos e ficamos aprisionados na injustiça buscando por justiça.

Alfred Korzybski (1879-1950) cunhou a frase: "O mapa não é o território". Em Science and Sanity (1933), afirma que a linguagem, por exemplo, é um tipo de mapa ou modelo do mundo que nos permite resumir ou generalizar as nossas experiências e passá-las para os outros, poupando-os de fazerem os mesmos erros ou reinventar o que já foi descoberto.

Cada pessoa tem um mapa em sua vida, isto é, um modelo de mundo, valores diferentes e razões para as mesmas, e quem garante que, se você tivesse vivido exatamente o que seu ofensor viveu, você faria diferente?

Nossas emoções são as experiências subjetivas, que dão significado as nossas percepções, influenciando as nossas ações. As respostas diante de situações que foram interpretadas como ameaçadoras, indesejáveis ou inadequadas podem ser agressivas e incluem não só alterações somáticas como também hormonais e autônomas.

> *"Mas o fruto do Espírito é: amor, gozo, paz, longanimidade, benignidade, bondade, fé, mansidão, temperança."*
> *Gálatas 5:22*

Somos orientados pelo positivo, nossos esquemas mentais, nossas emoções existem para nos proteger e nos manter vivos, mas cabe a nós escolher como queremos viver. Podemos ser vítimas de nossos instintos ou responsáveis por nossas escolhas.

Para se perdoar é necessário certa dose de altruísmo, é admitir uma "perda" concreta, por um ganho intangível. É abrir mão dos valores do ego, em troca da aceitação incondicional e desinteressada do outro que nos causou um prejuízo.

Mas, ao longo desta leitura, pretendo te mostrar que essa "perda" é na verdade uma escolha bem inteligente para uma vida mais próspera e saudável.

> *"Vigiai e orai, para que não entreis em tentação; na verdade, o espírito está pronto, mas a carne é fraca."*
> *Mateus 26:41*

Consequências do não perdão

*"Bebia para afogar as mágoas,
mas as malditas aprenderam a nadar."*
Frida Kahlo

Não perdoar significa manter e nutrir uma mágoa, um ressentimento, que como já vimos em nada contribui com sua saúde física e mental. É ocupar sua memória com fatos negativos que vão orientá-lo para suas novas relações, como uma iminente ameaça, que possivelmente nunca mais irá acontecer. O que não significa que você precise abrir mão do aprendizado.

O problema começa quando sua memória está associada a uma mágoa, que é o sentimento decorrente da emoção raiva. Isso mesmo, raiva. Sentimos raiva antes de ficarmos magoados, a mágoa é um sentimento muito usado para dar vazão à raiva, quando não aprendemos a lidar com ela.

Em nossa cultura judaico-cristã, por muitos anos não fomos educados a lidar com nossas emoções, a saber: medo, raiva, tristeza, alegria e alguns autores também incluem o Amor. Por essa razão, passamos a utilizar os sentimentos, que são constructos sociais, com a finalidade de dar vazão a essas emoções e facilitar as relações humanas, tais como: mágoa, frustração, rejeição, ressentimento etc.

Em sequência, a manutenção de alguns sentimentos nos leva à esfera das sensações, que são físicas, ocorrem em nosso corpo físico e são, senão o início, mais um fator que irá contribuir no aparecimento de algumas doenças. Toda emoção represada ou não elaborada dá origem a uma sensação.

Suponha que você está andando por uma rua escura e deserta, em nossos esquemas mentais, tal cenário normalmente é tido como ameaçador, pois nossa visão está comprometida e em caso de algo acontecer não temos com quem contar, daí sentirmos medo (emoção). Se um gato passar correndo próximo a nós, ficaremos assustados (sentimento) e provavelmente sentiremos um calafrio, um tremor ou até uma paralisia (sensações), além de uma taquicardia, intensa sudorese etc. (reações psicossomáticas), que tendem a desaparecer na medida em que você chegar a um local seguro, onde a emoção não se faz mais necessária.

Segundo estudos recentes, 60% das doenças estão relacionadas a fatores emocionais, e destes, 90% estão relacionados à falta de perdão, razão pela qual afirmei que perdoar é antes de qualquer coisa uma questão de inteligência e amor-próprio.

Não é preciso muito esforço para notarmos as sensações que as emoções provocam em nossos corpos, por exemplo, quando dizemos que uma pessoa está tremendo de medo, dizemos porque é fácil notar tremores, redução da temperatura corporal, palidez etc. Da mesma forma, quando sentimos raiva, podemos perceber um aumento da temperatura corporal, muitas vezes descrita como uma "queimação no estômago", e neste caso ainda há uma especificação do local onde está se manifestando.

Embora sendo um sentimento, a mágoa traz facilmente à memória uma associação de "má água", de algo que está parado e putrefato, retido e que deve ser renovado ou esvaziado.

Sabemos que nosso corpo físico é composto por 70% de água, e não me parece uma boa ideia se misturar e manter uma água podre no seu principal reservatório da vida. Naquilo em que você se sustenta, mais uma vez, perdoar é uma questão de inteligência.

Não fica muito desafiante imaginar as consequências em sua saúde, pela manutenção dessas emoções e/ou sentimentos em nosso corpo físico, uma vez que a raiva ou a mágoa provocam um grande estresse pela ideia de que a ameaça pode continuar ou se repetir, pois não fazemos a elaboração dos fatos, e isto aumenta a taxa de cortisol no corpo, inibindo a produção de imunoglobulinas, comprometendo todo o nosso sistema de defesa.

Conheço um casal que o marido traiu a esposa, e ela diz que não consegue perdoá-lo. Só que isso aconteceu há 35 anos, e eles continuam vivendo juntos, se maltratando até hoje. Pense a quanto sofrimento essas pessoas estão se submetendo, aprisionadas em um fato que nem precisava ser lembrado. Quantas oportunidades perdidas! Com todo esse sofrimento, na busca de uma punição que não se concretiza, todos perdem.

Já que decidiram continuar a viver juntos, seja por qual motivo tenha sido, não me parece inteligente viver intensamente uma das piores experiências que compartilharam, independentemente de quem tenha sido o "culpado" ou a "vítima". Poderiam ter usado esse tempo para construir novas lembranças, vivendo agradáveis momentos.

Talvez nunca tenham despertado para o fato de que, diante da imaturidade e desconhecimento do funcionamento emocional em suas vidas, jamais se libertaram de suas dores e tornaram-se cúmplices no sofrimento, afastando-se de seus objetivos iniciais, que provavelmente juraram: ser feliz a vida toda.

"Livrem-se de toda amargura, indignação e ira, gritaria e calúnia, bem como de toda maldade."

Efésios 4:31

Quando não perdoar

> *"O que negas, te submete.*
> *O que aceitas te transforma."*
> *C. G. Jung*

1. PELA NEGAÇÃO

Não devemos perdoar pela negação da ofensa. Muitas pessoas "dizem" ter perdoado algo, ou que não se faz necessário perdoar, por não reconhecerem a ofensa, por desfazerem-se da agressão, desprezando-a. Geralmente por não querer admitir o potencial do agressor.

Ninguém é intocável, todos temos nossos pontos fracos, e o fato de alguém ter uma condição sociocultural inferior à nossa não significa que o mesmo não é capaz, ou não possui o potencial de nos atingir em alguma circunstância.

Vimos anteriormente neste livro que perdoar é uma questão de escolha e inteligência. Negar a ofensa para não precisar perdoar é uma escolha duplamente insana, pois a agressão ficará guardada, suas consequências se manifestando e você aprisionado a algo que não é seu. E muito provavelmente em algum momento, mediante ou não algum estímulo, toda essa energia poderá vir à tona de maneira desproporcional.

Admita a ofensa, elabore as circunstâncias e libere seu perdão de forma genuína. Reconheça que o potencial agressivo nada tem a ver com a condição sociocultural ou qualquer outro fator. Agredimos por sermos seres em evolução, perfeitos em nossa imperfeição e pela mesma razão nos ofendemos.

> *"Aquele que diz estar na luz e odeia a seu irmão está nas trevas, e anda nas trevas... A negação é uma mera desilusão - frágil, fingida e superficial." I João 2:9*

2. PELA CULPA

> *"Não vamos tentar consertar a culpa do passado, vamos aceitar nossa responsabilidade pelo futuro."*
> *John F. Kennedy*

Não devemos perdoar por culpa ou autopunição, tal comportamento é muito comum em relações estáveis e duradouras, como família, casamento e relações profissionais.

Muitas vezes dizemos que perdoamos um filho por comportamentos que se repetem, para não admitirmos que "falhamos" na sua educação. Isso pode ser verdade ou não. Mas se o que seu filho faz é errado perante os hábitos e costumes, seja da família, da sociedade ou o que quer que seja, está na hora de corrigi-lo e não de justificar-se, pois perdoar nesses casos é uma farsa superficial e condena o infrator a permanecer na ignorância, é impedir a sua evolução. Corrija-o e perdoe-se verdadeiramente.

Há o caso muito comum da infidelidade nas relações. Muitos casais dizem perdoar a infidelidade do outro, e esta não precisa necessariamente ser sexual, pode ser financeira, colaborativa, prestativa e até reputativa, para não sair da zona de conforto de uma relação desgastada. Há casais que gastam ou desperdiçam o patrimônio familiar de forma irresponsável e egoísta. Há casamentos em que cada um age unicamente motivado pela sua vida, ignorando as consequências de suas escolhas. São incapazes de prestar um favor ao outro, de cuidar um do outro.

Conheci um casal que vivia em uma condição financeira muito instável, apesar de terem uma renda relativamente alta, e não precisei de muito tempo para entender as razões. Bastou acompanhá-los uma vez a um *shopping center* e ver a mulher comprar uma bolsa caríssima, e diante da reclamação do marido, murmurar que, se ela não gastasse com ela, ele gastaria no carro e com bebidas com os amigos. Esse é um belíssimo caso de infidelidade financeira.

Há os que falam mal, reclamam do caráter e das competências de seus cônjuges, mas jamais comunicaram o que não gostam, ou o que poderia ser modificado por uma melhor convivência. Troque suas reclamações por solicitações.

Existe a história de um casal de idosos que todos os domingos comia frango assado. A esposa comia as asas e deixava o peito para o marido, e fizeram isso por anos. Até que um dia brigaram de uma forma que jamais tinham feito, estavam tomados de ira e nem se falavam. No almoço de domingo, a esposa, aborrecida e cansada de comer a asa do frango, tomou a iniciativa de servir-se primeiro e comer o peito que tanto gostava e a que por anos renunciou. Eis que foi surpreendida por um beijo do marido e a manifestação de seu amor. O marido beijou-a e disse: "Por esta razão que sempre te amei, mesmo aborrecida comigo, você deixou de comer a asa do frango que tanto gosta para me agradar, pois sempre gostei mais da asa, mas comia o peito para fazê-la feliz, e agora você abre mão para mim. Perdoa-me".

Quantas vezes nos sacrificamos achando que estamos agradando ao outro, e na verdade, por não dizer o que sentimos, nos magoamos ou permitimos que o outro nos magoe? E nada é tão ruim que não possa piorar, pois ainda assim evitamos pedir perdão ou perdoar, aumentando ainda mais nossa perda.

No caso da infidelidade sexual, a questão é ainda mais séria, pois o ofendido muitas vezes se autodeprecia, se culpa como se não tivesse o que oferecer ou como competir com o que está fora do casamento. Isso não é perdão, é autoflagelação.

É claro que toda dor traz um aprendizado, mas a única condição admitida no perdão é a empatia, não a tolerância. Deus ama o pecador, mas abomina o pecado. O certo é o certo, e o errado é errado, ainda que a maioria não faça o certo, isso não legitima a ofensa. Vivemos em uma sociedade monogâmica, e a infidelidade é desleal. Não se culpe por isso, converse, demonstre seus sentimentos, após superar as dores da traição, libere seu perdão, independentemente da decisão que vier a tomar.

Outra relação em que frequentemente nos sentimos culpados é nas relações profissionais. Pelas demandas naturais dessas relações, muitas vezes contrariamos o interesse de outros envolvidos, simplesmente pelo cumprimento das responsabilidades atribuídas ao nosso cargo.

Nem todas as pessoas têm maturidade emocional e profissional suficientes, e uma vez contrariadas ou expostas em suas carências profissionais reagem de forma agressiva, desleal, desonesta e acabam exibindo sua melhor qualidade, a de vítima.

Não estou aqui afirmando que você não deva pensar nos outros antes de exercer suas funções, estou falando é que, quando alguém que não tem suas expectativas atendidas o ofende, agride, retalia ou qualquer outra coisa negativa, você deve ser empático, se possível ajudar essa pessoa no seu crescimento profissional, e após elaborar em sua consciência os fatos, praticar o perdão genuíno e não perdoar por sentir-se culpado.

Admita a perda do outro, assuma e demonstre suas razões, auxilie o ofensor a se desenvolver para que não precise mais agredir para se defender, libere sua mágoa e perdoe genuinamente.

Entenda que o perdão só é possível quando você entende as razões do ofensor, se coloca no lugar dele, e sustentado em um amor incondicional de aceitação decide perdoar, decide reconhecer e amar o outro, o agressor, apesar de sua conduta.

> *"Qual é mais fácil, dizer ao paralítico: estão perdoados os teus pecados, ou dizer: levanta-te, toma o teu leito, e anda?"*
> Marcos 2:9

3. PELA VINGANÇA

> *"A vingança procede sempre da fraqueza da alma, que não é capaz de suportar as injúrias."*
> François La Rochefoucauld

Não devemos perdoar pela vingança. É melhor admitir suas limitações a dissimular um perdão que não serve para outra coisa a não ser satisfazer suas perversões. Estou falando daquela situação em que você encontra alguém que lhe fez algum mal, em uma condição desfavorável a sua, seja por subordinação, por desígnios de Deus, ou pela própria consequência dos hábitos e atos do sujeito.

Lembro-me de uma vez que eu estava viajando com minha família e alguns amigos, e um desses amigos sofreu um acidente. Um parente ligou e soube que eu e minha família estávamos no hospital, e ao saber que estávamos apenas acompanhando um amigo, lamentou que o acidente não tivesse sido comigo. É claro que isso me magoou muito, por que um familiar desejaria que eu me envolvesse em um acidente nas férias? Talvez inveja, não sei, ele tinha lá seus motivos.

Cerca de uma semana após meu retorno, a mãe da pessoa que havia me desejado o mal fora fazer um simples exame, e foi diagnosticada com câncer, precisando ser internada imediatamente e com grande risco de morte. Meu ofensor estava desolado, pois era ele que acompanhava a mãe no exame, caiu em desespero e, diante disso, alguns familiares me ligaram e pediram que eu fosse até o hospital para consolá-lo, por causa da minha profissão.

Não precisei de muito tempo para lembrar o que o mesmo havia me desejado há poucos dias, ainda estava muito vivo em minhas lembranças, eu estava magoado com o que ele havia dito. Admiti minhas limitações, pedi desculpas e não fui ao seu encontro, eu não estava no meu melhor para consolar ou perdoar aquela pessoa, ainda não tinha elaborado o meu perdão e corria um grande risco de dar voz ao meu instinto de justiça, e todos nós sairíamos perdendo ainda mais.

É preciso honestidade para a prática do perdão, é preciso elaborar a ofensa, ou, em uma situação como essa, facilmente se declara o perdão, mas no seu coração poderá haver sentimentos em desalinho e o perdão de nada vale. Portanto, é melhor adiar o perdão do que fazê-lo de uma forma superficial e falsa, quando na verdade você está tomado de um sentimento de justiça e vingança.

Perdoar é uma decisão que precede uma atitude, algumas vezes precisamos de um planejamento até a elaboração da ofensa e o ato de perdoar. Não se apresse, mas faça logo, pois reter uma ofensa pode lhe causar um prejuízo ainda maior.

Segundo C.G. Jung, tudo o que você resiste, persiste. A negação emocional é um dos maiores obstáculos à prática do perdão. Reconheça que seus valores foram violados, acolha suas limitações e escolha livrar-se daquilo que não te fortalece. Sim, aquela pessoa havia me magoado, isso não quer dizer que ele era maior ou melhor do que eu, apenas que naquele ponto eu tinha uma brecha que permitiu que aquilo me atingisse.

Negar o efeito do que eu estava sentindo significava colocar aqueles sentimentos para dentro sem elaboração alguma. É como se precisássemos colocar esse tipo de fatos em quarentena. Viver a dor da injustiça, compreender as limitações do outro e as nossas também. E trabalhar a questão até o completo perdão, para que esse fato não venha a ser sedimentado em nossas memórias na forma de uma mágoa.

> *"Quando cair o teu inimigo, não te alegres, e não se regozije o teu coração quando ele tropeçar."*
>
> *Provérbios 24:17*

Escolha perdoar

"Em todas as coisas o sucesso depende de uma preparação prévia, e sem tal preparação a falha é certa."

Confúcio

A té agora vimos as razões por que devemos perdoar, e quão desafiante é pô-las em prática. Muitas situações podem fazer-nos acreditar que perdoamos, mas ainda assim continuarmos aprisionados ao não perdão.

Que fique claro que, antes de qualquer coisa, o ato de perdoar é um ato decisório de extrema inteligência e "liberta-dor". Sabemos que muitas ofensas, a princípio, podem parecer impossíveis de perdoar, mas não se deixe enganar. São essas mesmo que mais precisarão ser perdoadas, por serem as mais maléficas para sua saúde e sua felicidade.

Carl Gustav Jung (1875-1961), psiquiatra e psicanalista suíço, foi fundador da escola analítica da Psicologia e autor da frase "O que negas te subordina. O que aceitas te transforma". Portanto, admitir a ofensa é preliminar ao perdão, é preciso admitir-se ofendido, admitir que seus valores foram violados, sua integridade moral, física ou o que quer que seja, foi atingida. Na sequência devemos tomar a decisão de perdoar, e para isso já apresentei diversas razões.

Neste ponto e com muita frequência somos bloqueados pela negação das nossas fraquezas, por estarmos acostumados à competição, não queremos admitir que fomos ofendidos, pois para isso teríamos de admitir que de alguma forma, naquele momento, nosso ofensor foi eficaz em descobrir nosso ponto "fraco", que provavelmente é algo que precisamos melhorar, ou até mesmo um valor que precisa ser revisto.

Seja qual for o motivo, este é um dos momentos mais oportunos para refletirmos sobre como estamos vivendo. Provavelmente será do que precisamos para tomarmos consciência e darmos início à mudança que desejamos, mas que por medo insistimos em manter. Portanto, deveria ser nossa postura diante de uma ofensa a gratidão. Pois a partir desse "sofrimento" temos a oportunidade de refletirmos sobre como estamos nos sentindo diante de nós mesmos.

Como assim, gratidão? A pessoa me ofende e devo ser grato? Sim, se nos ofendeu, nos magoou, seguramente não é algo simples, diz respeito a nossa identidade e estamos diante de uma oportunidade para refletirmos quem estamos sendo no mundo, se é algo que precisamos mudar, ou algo que serve como uma resposta de como estamos sendo vistos, e isso pode ser muito empoderador.

Tomemos por exemplo uma situação em que você agiu de forma honesta e fiel a alguém e sentiu-se traido(a). Tendemos a nos julgar tolos, por termos exercido valores como a honestidade e a fidelidade, mas esta é uma excelente oportunidade para reforçarmos nossa identidade daquilo que escolhemos ser.

Lembro-me de uma vez em que, há muito tempo, contratei um professor de Inglês para me dar aulas em casa. E como havíamos combinado, paguei antecipadamente. Após a primeira aula o mesmo me ligou e disse que teríamos de fazer as aulas por videoconferência, pois não valia a pena para ele se deslocar até minha residência.

Não concordei e pedi que me devolvesse a quantia paga, descontada a única aula dada, pois a decisão de mudar o combinado era dele. O mesmo disse que não devolvia valores pagos, pois estava me oferecendo uma opção e eu estava obrigando-o ao prejuízo. Após algumas argumentações, o professor aceitou devolver a quantia e me mandou uma mensagem dizendo que nunca mais o procurasse, pois ele não gostava de dar aulas para gente do meu tipo.

É claro que o "tipo" a que ele se referia demonstrava sua intenção de me depreciar, mas recebi aquela frase como o reconhecimento de quem eu procuro ser, cumpridor de minhas obrigações independentemente de seu custo diferente dele, isto estava claro, então pude confirmar que mesmo pessoas de valores tão diferentes do meu seriam capazes de reconhecer quem eu era. E eu estava sendo exatamente como quero ser, me orgulho disto. Tomei posse do *feedback*, mas a lembrança daquele "absurdo" fazia-me lembrar dele e me dava raiva. Uma interação pequena, sem importância, mas que por alguma razão persistia em mim.

Por qual razão sentia raiva daquela pessoa por tanto tempo? Será porque ele sabia o que eu buscava aprender? Como alguém tão "irresponsável" detinha aquilo que eu buscava? Percebe o nosso senso de "justiça"? Agimos assim com muita facilidade, e se essas perguntas passaram em minha mente, seguramente elas fazem algum sentido. Não importa quão absurdo possa parecer, tratei de livrar-me o mais rápido daquilo e dei início à ação de perdão àquele cidadão, me sustentei em seu reconhecimento para ser grato e perdoei-o. Mas eu podia ter sido melhor, podia ter pedido perdão por ter entrado na vida dele e "perdido" o valor pago e não precisaria tê-lo em minhas lembranças por tanto tempo.

Mas então devemos renunciar aos nossos direitos e deixar de exigir que se cumpra o que nos prometem? Claro que não, mas é bem útil avaliar antes se a briga vale a pena, e se realmente precisamos investir toda essa quantidade de energia emocional. Discordar e exigir nossos direitos são completamente diferentes de ofender-se ou permitir que nos magoem.

Toda vez que se sentir desconfortável diante de uma situação, pare, pense no que há de positivo, exercite livrar-se de seu senso de justiça por alguns momentos, aproprie-se daquilo que te fortalece, precisamos nos fortalecer, nos energizarmos para continuarmos a viver. Por qual razão você escolhe desequilibrar-se diante de algum fato desagradável e renuncia à oportunidade de aprender e empoderar-se?

Decisão tomada, o ato de perdoar, como qualquer novo comportamento que você decida desenvolver, requer tempo e dedicação, precisamos criar novas sinapses nervosas, acessar recursos internos, que muitas vezes estão "enferrujados" pela falta de uso, mas que uma vez utilizados os resultados irão te motivar e ajudar a sedimentar essa prática.

Uma vez entendido que há uma ofensa de que agora você quer se livrar e entendeu que o perdão é a melhor, senão única via para isso, sugiro que pegue um caderno, uma folha de papel e escreva a ofensa detalhadamente, busque as razões, e pense sobre a vida do ofensor, o que ele faz, como vive, que razões teria para tê-lo ofendido, por qual razão você sentiu tanto desconforto diante do fato?

Ao longo deste livro estão disponíveis diversas técnicas que lhe ajudarão a gerar esse novo comportamento, mas sugiro que primeiro leia todo o livro até que chegue a essa parte.

Honre sua decisão, liberte-se pelo perdão e viva melhor!

"Na sua carne desfez a inimizade, isto é, a lei dos mandamentos, que consistia em ordenanças, para criar em si mesmo dos dois um novo homem, fazendo a paz."

Efésios 2:15

A evolução pelo perdão

> "A Evolução é a Lei da Vida, o Número é a Lei do Universo, a Unidade é a Lei de Deus."
>
> Pitágoras

Independentemente de nossa consciência ou vontade, somos parte de um todo que cresce e evolui. Cada um na sua velocidade e direção, de acordo com nossa capacidade de lidarmos com as adversidades do mundo natural, e na medida em que nos afastamos da frequência da nossa natureza divina, mudamos nossa frequência e começamos a adoecer.

Uma vida doente não necessariamente passa pela necessidade de medicamentos ou exames sofisticados, este será um dos últimos estágios da doença. Adoecemos quando perdemos nossa paz de espírito, nossa alegria de viver, nossa gratidão pela vida e todos aqueles sentimentos que não possuem uma justificativa, são sentimentos de pertencimento e conexão com o divino. É no fluir livremente em nosso propósito que desfrutamos da saúde.

Bombardeados por valores ditados, que em nada estão alinhados com a nossa natureza, de medo em medo, de raiva em raiva, vamos nos entristecendo e buscando loucamente pelas sensações proporcionadas pela alegria que nos vicia. Superocupados com nossas obrigações, não temos o tempo necessário para elaborarmos nossas experiências e vamos colecionando as mágoas das interações que temos pensando serem produtos de relacionamentos.

O Universo tem suas pausas, Deus fez o mundo e descansou, no mundo natural temos as estações, uma simples árvore possui a sabedoria de deixar irem suas folhas, despir-se completamente para renascer e florir, por um período nada produz, apenas se cura da sua existência. Mas nós, em nossa infinita arrogância, temos pressa, pressa em conquistar aquilo que nos levará à morte.

É na paz de espírito que nos curamos, que crescemos, que prosperamos. É preciso certa dose de humildade para reconhecer nossas limitações, curar nossas feridas, apropriarmo-nos das experiências para extrairmos nossos aprendizados e nos reconectarmos com nossa divindade. Pare de viver para atender as expectativas de uma sociedade doente, de pessoas que não se importam contigo e te obrigam a consumir toda a sua energia vital.

Roubam a nossa paz, nos fazendo acreditar que vivemos em carência. Nossas carências em sua maioria são artificiais, vivemos iludidos pela falta do que não importa e desperdiçamos nossas vidas pelo medo de não sermos aceitos pelos outros, pela raiva de não possuirmos o que não precisamos, tristes em nossas vidas vazias adoecemos na busca de uma alegria que não nos sustenta.

É na gratidão e no amor que o divino que nos conecta se manifesta e nos cura. É no vazio das emoções, no silêncio da paz interior que desacreditamos, e já nem buscamos que a prosperidade, a harmonia e a saúde plena se manifestam. Mas como esvaziar-se? Como silenciar nossa mente? Como parar? Se as contas não param de chegar, se o trânsito me faz gastar horas da minha vida? E todos os desafios em que estamos envolvidos e nos obrigam a tarefas e superocupação?

Não sou irresponsável, tampouco infantil de pensar que vivo em outro mundo ou que sugiro que devamos "chutar o balde", não é nada disso. O que não dá é para continuar do jeito que está, você vai morrer e disto eu não tenho dúvidas. A questão é: até quando você vai aguentar andar na contramão da sua natureza? Pelo que você tem verdadeiramente sido grato? Já não basta todo o lixo que respiramos sem termos escolhas? Já não basta toda a porcaria que comemos por não termos tempo de preparar sequer nosso alimento? Já não basta todo sedentarismo e esforço desnecessário a que submetemos nossos corpos? E você ainda guarda mágoas, rancores, injustiças e autocondenações?

Você muda sua alimentação e toma remédios para "curar" sua gastrite, mas não desperta para a raiva de determinada lembrança que te queima. Você faz massagem, RPG, troca o colchão para se livrar das dores na coluna, mas não se livra do peso de suas lembranças. Toma remédio para controlar o açúcar do seu sangue ou se entope de chocolates e doces, mas não trata suas amargas experiências. Sofre de pânico com medo de não ser aceito ou viver só e busca no prazer alguma alegria para justificar sua vida.

Nada disso fará com que sua energia vital, sua espiritualidade se fortaleçam. Somente através da gratidão e do amor você encontrará o sentido que busca. Gratidão pela sua vida, sim, acredite, você ainda está vivo e só por isso se preocupa com tanta coisa inútil, é pelo medo de morrer que você sofre. Medo de morrer sem viver o que deveria ter vivido, ocupado pelo que não precisava, guardando o não devia.

É na expressão do amor, não no amor romântico idealizado, mas do amor próprio, no amor pela vida, no amor de ser parte da Criação, ou do cosmo se preferir, que nos reconectamos com o divino, com a gratidão, com a cura, com a prosperidade, com a paz que tanto buscamos. Não é a conquista dos seus desejos de consumo o que lhe trará a evolução. Não é se vingando de alguém e sentindo-se superior que você evolui, mas quando você para de reter aquilo que não deveria nem ter existido, que vai de encontro à nossa natureza divina: suas mágoas, seus ressentimentos, suas frustrações.

Entorpecidos por nossas expectativas, ocupados com nossas metas e adoecidos por nosso lixo emocional, nos afastamos do divino que nos sustenta e nos concede a sabedoria de vivermos em sintonia com a cura, a prosperidade, a paz, o amor e, consequentemente, com a gratidão. É necessário nos livrar do que não precisamos para conseguirmos caminhar junto com o Universo, precisamos da harmonia entre as forças criativas para termos saúde. E você pode fazer o que quiser, mas a única atitude possível para recolocá-lo no caminho que jamais deveria ter saído é o perdão.

O perdão é a faxina da alma, é a purificação do passado, é o resgate da energia pura que nos permite sermos gratos pela vida e seus aprendizados, pela capacidade de amar nossas imperfeições e a dos outros também. É através do perdão que podemos limpar nossos lixos emocionais, nossos aprendizados distorcidos para com olhos de amor enxergarmos as deficiências de nossos semelhantes e sermos gratos em todas as nossas interações. Sermos gratos até mesmo quando o outro se revela em sua agressividade e podemos escolher amá-lo, sem permitir que nos afete negativamente.

> *"Não se amoldem ao padrão deste mundo, mas transformem-se pela renovação da sua mente, para que sejam capazes de experimentar e comprovar a boa, agradável e perfeita vontade de Deus."*
> *Romanos 12:1-2*

PARTE 2

"E quando estiverem orando, se tiverem alguma coisa contra alguém, perdoem-no, para que também o Pai celestial lhes perdoe os seus pecados."

Marcos 11:25

E quando sou eu o ofensor?

> "Devemos corar por havermos cometido uma falta, e não por a reparar."
> Jean-Jacques Rousseau

Na primeira parte deste livro, vimos as inúmeras vantagens de se perdoar nosso ofensor, mas outras questões precisam ser avaliadas e este é o meu convite a partir daqui, te convido a buscar respostas para as seguintes perguntas: E quando sou eu o ofensor? Não ser perdoado me causa algum mal? Como vou saber se ofendi ou magoei alguém? E se as pessoas a quem ofendi não quiserem me perdoar?

Vimos que grande parte das ofensas nas relações humanas surgem devido a expectativas, muitas vezes, não há a intenção da ofensa, embora outras tantas vezes a mesma possa ser intencional e praticada por pessoas com valores distorcidos, com pouca ou nenhuma empatia ou má formação do caráter.

Acredito que, se você está lendo este livro, provavelmente é da espécie humana, e como humano seguramente já ofendeu muitas pessoas, algumas vezes sem qualquer intenção e outras tantas intencionalmente, quer por não ter tido suas expectativas atendidas, quer por vingança a algo que alguém lhe fez, e poderia passar todo o resto deste livro buscando as razões para tal, isso não importa. O fato é que também somos, em algum momento, ofensores.

A minha curiosidade é sobre como você se sente, sabendo que alguém pode estar em profundo sofrimento, construindo doenças em seu próprio corpo, agindo em suas vidas com algo que você tenha feito e que possa vir a acontecer novamente com elas e por isso vivem amedrontadas.

Imagino que, se você continua lendo este livro, é porque se interessou pelo assunto e deseja livrar-se de um lixo emocional que em nada contribui com sua felicidade, sua saúde e sua evolução. Mas como fazer se o lixo que o outro carrega é seu? Foi você quem colocou ele lá.

Com certa frequência vejo nas redes sociais pessoas postando e repostando uma frase que diz: "Sou responsável por aquilo que eu disse e não pelo que você entendeu" e isto é totalmente falso. É um engano. É certo que jamais teremos controle sobre os pensamentos do outro, principalmente quando poucas vezes temos sobre os nossos, mas a responsabilidade da comunicação é do emitente do discurso. Se o que o outro entendeu foi diferente do que você queria comunicar, a responsabilidade é sua. O seu discurso é que não foi eficiente e cabe a você reparar isto.

Isso é útil para os casos em que somos mal entendidos, vimos lá no capítulo sobre a escolha de perdoar a citação de Jung que diz que "O que negas te subordina. O que aceitas te transforma". Admitir não ter sido eficaz no seu discurso é também uma decisão inteligente. É sair da zona de conforto e buscar outras maneiras de se comunicar, isso contribui para sua evolução, é uma prática empática que desenvolve a criatividade do discurso.

É importante também saber que em uma comunicação somente 7% é a palavra, isto é, o conteúdo da mensagem, 38% é percebido pelo tom de voz empregado e os 55% restantes é percebido pelo outro em função da sua fisiologia, pela carga emocional do discurso. Basta observarmos como muitos homens em nossa cultura se cumprimentam. É comum vermos meninos jovens se cumprimentando com xingamentos, palavras que são usadas para ofender, e pela fisiologia, apesar do que está sendo dito, nota-se uma grande satisfação em estarem se encontrando.

Quem já viu casais em uma calorosa discussão, e quando observamos de fora, no discurso estão completamente alinhados, estão em concordância, mas por estarem em uma fisiologia ruim, continuam a discussão, se ofendem, ainda que em concordância.

Mas vamos pensar sobre o ofendido. Possivelmente ele ainda não teve a oportunidade que você está tendo acerca de pensar suas atitudes no mundo, o impacto de seus gestos na vida dos outros e os danos que isso pode causar. Talvez este seja o momento mais decisivo deste livro, em que muitos podem em vão pensar em parar a leitura imaginando o que está para vir.

Isso poderia acontecer se quem está lendo tivesse aberto o livro nesta parte, ou fosse alguém covarde e egoísta. Sou confiante de que, se você teve a coragem de pegar um livro como este e lê-lo até aqui, estou falando para alguém que já é capaz de perceber que precisa mudar algo em si, alguém que já entendeu que não é vítima das circunstâncias, mas autor de sua própria vida. Alguém que pode contribuir firmemente na mudança de alguns paradigmas que tem feito toda a humanidade sofrer desnecessariamente.

Quantas vezes nos preocupamos com os menos favorecidos? Preocupamo-nos com problemas sociais? Somos de natureza misericordiosa, mas o atual cenário em que vivemos de um mundo altamente competitivo, que prega a meritocracia sobre a cooperação, o ter ao ser, e tantas outras ideias que nos afastam de nossa verdadeira essência e nos levam a cometer atos que nos conduzem a sofrimento e com certa frequência a uma letargia, na qual já nem temos tempo de refletir sobre nossas ações.

Já que por alguma razão você parou para refletir sobre as suas mágoas e das pessoas a quem magoou, o convido a fazer um trabalho bem feito e eficaz, que realmente pode fazer bastante diferença em sua vida. É uma excelente oportunidade e um exercício muito eficiente pensar sobre a eficiência de seus comportamentos, quais os valores que têm sustentado suas escolhas. A consciência é a via de uma vida saudável e próspera.

> *"Como é feliz aquele*
> *que tem suas transgressões perdoadas*
> *e seus pecados apagados!"*
> *Salmos 32:1*

Devo mexer naquilo que está quieto?

> *"A primeira glória é a reparação dos erros."*
> Machado de Assis

Essa pergunta é muito frequente nas relações que foram afetadas por alguma ofensa, e que após algum tempo se estabilizam, ainda que com perdas. Motivadas pelo orgulho, muitas pessoas se conformam e decidem "deixar para lá". Ocorre que como vimos anteriormente a ideia de que a perda já ocorreu e não há o que se fazer é totalmente errônea, pois a mágoa é uma perda constante, nosso organismo precisa trabalhar constantemente na busca de um equilíbrio que nunca alcançará.

A ideia de que está "quieto" é um grande erro, é como pensar que um vulcão, só porque não está expelindo lavras, não está em atividade. Sabemos que, embora no externo não haja nenhum fenômeno visível, em seu interior pode e provavelmente estarão existindo atividades de potencial devastador, que somos incapazes de prever ou conter.

Baseado no que foi dito anteriormente, deixar que alguém siga sua vida carregando um lixo que nós produzimos não me parece algo ético ou inteligente. Viver sabendo que para certo número de pessoas lembrar-se de nós não é algo muito agradável me soa desconfortável. É fato que nunca conseguiremos total aceitação, as pessoas nos amarão e nos odiarão pelas mesmas razões, mas podemos reduzir muito nosso potencial maléfico e sermos libertos de grande parte de nossos erros do passado.

Mas como fazer? Poderá questionar o leitor, afinal, já tenho certa idade e com certeza já magoei e ofendi um incontável número de pessoas, muitas já não sei por onde andam, outras nunca soube nada delas, apenas nos encontramos pela vida, por exemplo, no trânsito, quando dei ou recebi uma fechada e trocamos alguns xingamentos, ou algum atendente de lojas que não fizeram o que eu esperava que fizessem, é tanta gente que não tenho sequer como me lembrar, isso sem falar nos que já morreram, alguns nos odiando e outros de quem nós mesmos podemos ter dito: já foi tarde.

Logo no início deste livro, ao citar o conceito de perdão, falei que era uma atitude intra e interpessoal, é uma decisão para uma nova forma de viver, que precisa ser iniciada e com algum critério. Portanto não adianta decidir que daqui para frente o fará, se não curarmos o que ficou para trás. Seria como uma pessoa que normalmente chega da rua após um dia de atividades e deita em sua cama sem se limpar, que deixa outras pessoas nas mesmas condições deitarem-se em sua cama, mas a partir de agora decide que não vai mais deitar-se sem tomar um banho, nem permitir que outros o façam e achar que estará dormindo numa cama limpa, uma vez que se esqueceu de trocar os lençóis. Não adiantou de nada, irá acordar sujo de qualquer jeito.

Precisamos aprender e praticar o perdão, vivermos mais conscientes e evitarmos magoar ou manter a mágoa que alguém nos imputou, mas tão importante quanto é começarmos a curar aqueles a quem ofendemos, temos de pagar nossas dívidas. Não se sentirá próspero aquele que após anos em dívida, não honrando seus compromissos, receber um grande prêmio na loteria e não for lá acertar as contas com seu passado.

Devo, portanto, mexer naquilo que está quieto? A resposta é sim, deve. Mas como fazer isso? Você deve estar se perguntando, se já é difícil perdoar, se precisarei fazer grandes esforços para compreender as razões e perdoar aqueles que me magoaram, muitos que já nem lembro direito, e agora ainda vou sair por aí buscando as pessoas que magoei ou perguntando a todos se eles estão magoados comigo? Se esta ou outra indagação parecida lhe ocorreu é porque você está indo no caminho certo.

A boa notícia é que assim como existem algumas técnicas e protocolos que podem ser usados para perdoar, da mesma forma existem tantas outras para se pedir perdão, e neste mesmo livro temos uma parte somente com isso. Continue sua leitura e em pouco tempo terás uma saúde e felicidade muito mais concretas.

A mente humana é atemporal, não distingue o que é real e o que é imaginado, e por essa via podemos nos livrar de grande parte desse lixo que carregamos. Nossas memórias são construídas e por essa razão podem ser modificadas, não precisam estar associadas à carga emocional a que estão, podemos desassociar os eventos, podemos mudar as respostas decorrentes dos fatos.

"Mas a sabedoria que do alto vem é, primeiramente, pura, depois pacífica, moderada, tratável, cheia de misericórdia e de bons frutos, sem parcialidade, e sem hipocrisia."

Tiago 3:17

E se eu estava certo?

"Não há nada no mundo que esteja melhor repartido do que a razão: todos estão convencidos de que a têm de sobra."

René Descartes

Quem nunca revidou uma ofensa? Quem nunca diante de um desprezo ou maus-tratos reagiu com agressividade? Vivemos em um mundo competitivo, supostamente meritocrático, onde somos ensinados a conquistar com agressividade aquilo que desejamos. Vivemos em um mundo onde cada vez mais o ter vale mais do que o ser, onde o parecer "abre" muitas portas. O pensamento dualístico das extremidades onde o ótimo é o inimigo do bom.

Precisamos voltar a considerar que entre o certo e o errado existe um universo de possibilidades. Que certo e errado são ilusões que servem apenas para nos justificarmos, principalmente quando o que está em questão é a subjetividade humana. Uma sugestão é que troquemos o certo e errado por útil ou não útil, produtivo ou não produtivo. Não é nosso propósito julgar quem estava com a razão, mas as consequências dos nossos atos. Se em alguma de nossas interações alguém saiu prejudicado, todos perdemos.

Entendo perfeitamente a dificuldade que temos em abrirmos mão de termos razão, para sermos felizes simplesmente, mas esta é a questão, toda vez que você "vence" todos perdemos. Tudo aquilo que vimos na primeira parte que são nossas limitações para a concessão do perdão são também nossas razões para ofendermos, e não é por isso que estamos autorizados a continuarmos esta prática.

É exatamente por essas mesmas razões que devemos buscar interromper este padrão e darmos início a um estilo de vida mais empático, mais cuidadoso, não sem antes fazermos uma verdadeira limpeza naqueles a quem temos ofendido. Olho por olho e dente por dente, e seremos uma civilização de cegos e banguelas.

Não chegamos até aqui para julgar quem estava certo ou com a razão, estamos aqui para nos libertarmos e libertarmos o outro a quem ofendemos, na busca pelo restabelecimento de nossa saúde, nossa prosperidade, nossa paz, nossa comunhão. Ainda que se sinta justificado a despeito de sua consideração, estamos conectados, desde os antigos filósofos, confirmados no Antigo (Salmos 133:1 - Como é bom e agradável quando os irmãos convivem em união - NVI) e Novo Testamento (Romanos 12:5b – formamos um corpo, e cada membro está ligado a todos os outros - NVI), e ainda que para os não crentes na palavra de Deus, hoje a Ciência, através da Psicologia e da Física Quântica, corroboram isso.

Tão relevante quanto perdoar é pedir perdão. Se até aqui não fui eficaz em sensibilizar o leitor para a adoção da prática do perdão e libertação para uma vida ausente de lixo emocional, que será o terreno fértil para a construção e desenvolvimento de diversas doenças, devo informá-lo de que você não tem o direito de impor isso a mais ninguém. Mesmo não acreditando que Deus ou o Universo, como preferir, lhe devolverá na justa medida aquilo que você produz, pense que é melhor ser feliz a ter razão.

Um dos pressupostos da PNL (Programação Neurolinguística) afirma que as pessoas fazem as melhores escolhas possíveis, com os recursos de que dispõem. Isso quer dizer que você pode estar justificado pela resposta ou pelo comportamento que dedicou a determinada pessoa, o que não implica que esteja certo. Afinal o pressuposto acima também inclui seu ofensor.

Suas razões são apenas justificativas para manter-se na condição em que estás, é resistir à mudança daquilo que te aprisiona e te maltrata e em nada há de contribuir com o que está te drenando uma quantidade de energia que poderá ser vital para ti. Os motivos que te levam a crer que estás certo de nada contribuem com tua saúde, na medida em que sua mente e seu corpo não corroboram isso.

Há um grande consumo de energia vital na busca de compensar o que não está harmônico em nossas vidas. Se há um registro na memória que está associado a uma grande carga emocional, existe ali um desequilíbrio, um dreno de algo que pode vir a lhe fazer falta.

> *"Continue o injusto a praticar injustiça; continue o imundo na imundícia; continue o justo a praticar justiça; e continue o santo a santificar-se."*
>
> Apocalipse 22:11

Então devo pedir perdão?

*"Para estar junto não é preciso estar perto,
e sim do lado de dentro."*
Leonardo da Vinci

Se até aqui o leitor ainda não se convenceu de que tão importante quanto perdoar é pedir perdão, vou lhe apresentar mais algumas boas razões.

Sabemos que a matéria é constituída por átomos, e tudo que se encontra no universo na forma de matéria está sob essa condição. Da mesma forma, o número de átomos no Universo, embora incontável, é finito, isto é, não podemos produzir matéria sem utilizar algum outro tipo de matéria existente. Tudo que existe no Universo é usado e reciclado, não existe nada de primeira mão.

O alimento que comemos cresceu a partir de processos que o transformaram, quer pela reprodução, quer pela fotossíntese. O ar que respiramos entra pelas nossas narinas, chegando a nossos alvéolos pulmonares, onde ocorre a troca que levará o oxigênio ao nosso sangue e retirará o gás carbônico de nosso corpo e o devolverá à atmosfera. Esses mesmos átomos serão utilizados em outros processos.

Dessa forma, segundo Larry Dossey, em seu livro "Espaço, tempo e Medicina", há cerca de 1022 átomos em cada volume respiratório e fazemos cerca de 20 mil movimentos desse volume diariamente e em cada um desses movimentos cerca de 1015 átomos passaram pelos pulmões do restante da humanidade nas últimas semanas e mais de um milhão de átomos respirados pessoalmente, em algum momento, por toda e qualquer pessoa da Terra.

Somente este argumento já é o suficiente para sabermos que somos um, na medida em que compartilhamos literalmente toda a matéria existente, e definitivamente estamos conectados uns aos outros, queira você ou não, e que mesmo morrendo ninguém deixa de existir na vida do outro, quer pela matéria reutilizada, quer pelas lembranças de suas interações.

Não obstante, vale ressaltar o poder transformador da palavra e do pensamento, um dos pressupostos da Física Quântica, que afirma que a intenção do observador interfere no fenômeno, até mesmo Deus ao criar o mundo fez uso da palavra (Genesis 1:3), é preciso que haja uma intenção e que se professe a palavra para que o resultado ocorra, e se perdoar já é desafiante, o leitor pode imaginar-se incapaz de pedir perdão. Ao final deste livro, disponibilizo algumas técnicas que irão prepará-lo para fazê-lo.

Pela mesma razão que devemos perdoar. Pedir perdão também é uma questão de inteligência, pois não há uma única mágoa que não pertença a pelo menos duas pessoas, ainda que somente uma a carregue. Seus efeitos são nocivos com todos os envolvidos.

Quem já não conheceu alguém que agiu de forma muito severa e agressiva ao longo da vida, e que ao final da mesma, no momento em que se reduz a energia vital, vivenciou grandes sofrimentos, muitas vezes atribuídos erroneamente como vingança de Deus, mas que na verdade são indubitavelmente consequências de suas escolhas e ações ao longo da vida. A pessoa que passa a vida toda colecionando mágoas seguramente não chegará ao fim de sua vida de forma saudável e feliz.

A origem da ofensa é sempre uma percepção distorcida do próprio ofensor sobre si mesmo. Aquilo que nos incomoda ao ser visto no outro. É algo que possuímos e rejeitamos, ou acreditamos não possuirmos ou sermos capazes de possuir, daí a agressividade. Que nada mais é do que uma tentativa desesperada de negar algo que não queremos ou acreditamos não sermos capazes de manifestar, e devido a essa percepção de ser algo exclusivamente do outro oferecemos ou atribuímos a quem nos fez lembrar ou sentir o que somos ou o que gostaríamos de ser.

Você dificilmente verá uma pessoa obesa "xingar" uma outra pessoa de gorda, rejeitamos a alteridade, porque precisamos da similaridade para nos sentirmos seguros. No caso de ter visto, que fique claro nesta situação, a questão da distorção do autoconceito que explicarei adiante neste livro. A ofensa é sempre uma tentativa de desqualificar, de excluir o outro, e isto só se faz pela busca de um rompimento da nossa similaridade, portanto, ineficaz e infantil, que precisa ser corrigido pelo nosso próprio reconhecimento de sua ineficácia e pelo preço a ser pago. Que nada contribui com a mudança do que se quer evitar, ao contrário do pedido de perdão que nos leva a uma tomada de consciência, e ressignificação do nosso autoconceito.

É muito frequente vermos pessoas até mesmos cristãs, que possuem o perdão como um mandamento fundamental, justificando a ausência do perdão, atribuindo tal prática pertinente somente a Deus, impossível ao ser humano. E se este é o seu caso para insistir em manter-se na sua zona de conforto do não perdão, trago-lhe uma má notícia, sustentada no livro sagrado em Salmos 82:6, que diz: "Vois sois Deuses, e todos Vós filhos do altíssimo".

Ao pedir perdão, somos obrigados a sair de nossos padrões limitantes e expandir nosso autoconceito. É como uma pessoa que decide começar alguma atividade física em uma academia e que antes faz um aquecimento. Pedir perdão, embora parecendo ser mais desconfortável do que perdoar, na verdade é o início de um processo de libertação, onde o ofensor se livra de uma culpa que o impede de se conectar com sua essência, seu potencial e principalmente com seu verdadeiro amor, o amor-próprio.

É fundamental darmos início a nosso processo de cura pelo pedido de perdão, pois basta uma ação, o reconhecimento da responsabilidade, e isto lhe dará os recursos necessários para perdoar e se livrar de seus bloqueios, para perdoar e prosperar no amor incondicional. É o início da construção de um novo padrão de identidade que te levará a uma expertise de não se magoar com as ações de ofensores, te leva à prática da empatia e da capacidade de compreensão das limitações do outro, é como dar início à limpeza de uma casa tirando o pó dos móveis antes de lavarmos o chão.

Muitas pessoas têm dificuldade de pedir perdão pelos mesmos motivos que ofendem, por medo e agressividade. Existe uma frase atribuída ao Papa Francisco que diz: "O primeiro em pedir desculpas é o mais valente. O primeiro em perdoar é o mais forte. O primeiro em esquecer é o mais feliz". Esta frase diz muito sobre o processo de perdoar e pedir perdão. Vejamos: antes de perdoar é preciso se DES-CULPAR, isto é, retirar a sua própria culpa. A culpa é um constructo social de punição, em que o ofensor se pune, embora não carregue a mágoa, há nele um sentimento que causa efeito semelhante, ou até pior, pois a mágoa geralmente vem de fora, mas a culpa é um veneno produzido dentro do próprio corpo do sujeito.

É preciso admitir sua responsabilidade, e fazemos isto nos livrando da culpa que é uma punição decorrente de nosso senso de justiça e entrar em contato com seu real tamanho, admitir seus medos e fraquezas, para reconhecer e liberar sua culpa, e nos tornarmos capazes de pedir perdão para caminharmos na felicidade plena.

Pedir perdão é a construção da capacidade de perdoar, do crescimento que te protege de se magoar, através da compreensão das razões de um eventual ofensor em sua prática contra nós, e se, ainda assim, formos atingidos pela ação negativa do outro, ser capazes de perdoá-lo e não mais carregar os lixos emocionais que bloqueiam sua felicidade e sua prosperidade. Não há ninguém que seja capaz de ser plenamente feliz com o coração cheio de mágoas e exacerbado senso de injustiça.

Na medida em que avaliamos as situações desagradáveis e traumáticas e buscamos a nossa responsabilidade nos fatos, vamos curando nossos medos e nossas feridas, seja pelo reconhecimento da nossa responsabilidade ou, pela não responsabilidade, livramo-nos da culpa.

Com muita frequência, veremos vítimas de abuso sexual e/ou estupro sofrendo muito mais pela culpa. Culpam-se por terem "permitido" o abuso, por não terem sido capazes de se defender. Sofrem primeiramente pela vergonha de sua vulnerabilidade do que pela mágoa da violência. E no momento que toma consciência de sua ausência de responsabilidade no evento, no momento em que ela reconhece o potencial violento de seu agressor, começa a se libertar de parte da dor, se fortalece e se torna capaz de dar início a uma ação de perdão.

Por estarmos sustentados por nossos valores, com muita frequência seremos incapazes de reconhecer e admitir que o outro não compartilha esses mesmos valores, não conseguimos considerar que alguém possa ser tão diferente, isso é demasiado severo para com o outro. Perdoar não é ser superior ao outro, mas escolher ser melhor do que tem sido.

> *"Façam todo o esforço para conservar a unidade do Espírito pelo vínculo da paz."*
> *Efésios 4:3*

E se o outro não me perdoar?

"Isto é a liberdade: sentir o que o seu coração deseja, independentemente da opinião dos outros."

Paulo Coelho

Muitas pessoas se justificam de não pedirem perdão, por supor ou não estarem certas de que após se "humilharem" em pedir perdão o mesmo pode não ser concedido. Esse talvez seja o maior engano que se pode permitir, pois ficar preso à mágoa do outro é tão insano quanto manter uma mágoa em seu corpo, lembre-se de que a culpa pode ser tão nociva quanto a mágoa, haja vista que corremos o risco de nos automagoarmos, além das punições às quais nos submetemos, através de nosso senso de justiça.

A prática do perdão é semelhante a uma purificação de nossos resíduos emocionais, é livrar-se daquilo que em nada contribui com nosso desenvolvimento ou evolução. É curar-se de uma anomalia que provoca um desequilíbrio na saúde, e isso não está condicionado à aceitação pelo outro.

Aliás, a aceitação é um dos mais frequentes elementos constituintes da mágoa e do perdão, pois, ao aceitarmos a ofensa, muitas vezes o fazemos por imaginarmos que não fomos aceitos da forma que somos pelo outro, e assim estabelecemos a inter-relação. Mas, nesse momento, o foco é a intrarrelação, pois para a ação de pedido de perdão precisamos aceitar que praticamos a ofensa, pura e simplesmente, não mais se justificando. É uma ação na qual o resultado e seus benefícios são o próprio ato, não dependendo da aceitação do outro.

Outro fator muito relevante é a questão do "eu não tinha a intenção", que não passa de uma justificativa. Seu aparelho psíquico não tem senso crítico, se está lá armazenado não está dissociado, ou te fortalece ou te adoece. Se não é algo útil, deve ser eliminado ou tratado. Se até hoje não foi eliminado, já passou da hora de tratá-lo.

Portanto, engana-se aquele que não busca o perdão condicionando-o à aceitação pelo ofendido, pois ao admitir a autoria da ofensa, arrepender-se e agir na direção ao menos do cancelamento de sua permanência, uma vez que a reparação não se fizer possível, já é para o ofensor o início de seu processo de cura e libertação.

Uma vez que o ofendido nega-lhe ou condiciona o perdão, passa a ser uma escolha do mesmo e o único portador da mágoa daquela relação, libertando-o de seus efeitos colaterais e do compartilhamento de suas ações maléficas. Para o ofensor que toma a iniciativa do pedido de perdão, os benefícios que serão alcançados independem da aceitação do ofendido.

É claro que, se houver a possibilidade de reparo do dano de uma ofensa, este se faz necessário tanto quanto o pedido de perdão. Para isso podemos usar o formulário da parte final deste livro a fim de checarmos se no perdão que pretendemos pleitear cabe reparação ou não. Caso seja possível a reparação, esta prioritariamente deverá ser praticada antes do pedido de perdão, ou se possível, negociada com o ofendido. Mas fique claro que o simples fato de se pedir perdão já o liberta da conexão com a mágoa e já é parte do seu processo de cura.

Só você pode e deve viver sua vida, ninguém mais sabe o que você sabe ou sente o que você sente, não é pelo outro, é por você. Sentir-se paralisado pela dúvida de que o outro irá ou não aprovar suas ações é manter-se na mesma condição. Faça o que tem de ser feito, pois é você quem há de desfrutar de suas ações.

Por essa e por outras razões, este livro tem, além da apresentação dos motivos pelos quais devemos perdoar e pedir perdão, algumas técnicas que vão ajudá-lo a pôr esse plano em prática. Eu poderia descrever muitos processos psicológicos e fisiológicos, além dos que já foram descritos, mas penso que, se o leitor chegou até aqui, já estamos nos aproximando de começar a colocar em prática.

"Se confessarmos os nossos pecados, ele é fiel e justo para nos perdoar os pecados e nos purificar de toda injustiça."

1 João 1. 9

Preparando-se para a ação

> *"O homem com percepção suficiente para admitir suas limitações é o que mais se aproxima da perfeição."*
>
> Johann Goethe

Diante de tudo que já vimos acerca do perdão, imagino que você já esteja convencido da necessidade de sua prática, e talvez um pouco curioso de por onde dar início à mesma. Devido às complexidades para tal ação, sabemos que tanto para perdoarmos quanto para pedirmos perdão muitos são os obstáculos envolvidos, que acabam nos aprisionando em tantas ofensas ao longo de nossas vidas.

Da mesma forma, também vimos que antes de qualquer ação na direção da prática do perdão precede uma decisão pessoal de se viver livre de mágoas e ressentimentos, assim como de não sermos protagonistas do sofrimento alheio.

Devo, porém, lembrar ao leitor, que a simples decisão não é suficientemente eficaz, faz-se necessário colocar em prática algumas técnicas, não somente para auxiliá-lo na direção de sua libertação, mas principalmente não intoxicá-lo com a recuperação de lembranças traumáticas, que talvez sem orientação poderia levá-lo a uma sensação desagradável e desnecessária de sofrimento por algo que pode já ter se harmonizado, mas que certamente ainda lhe causa danos.

Da mesma forma é muito comum algumas pessoas, quando decidem pedir perdão ou perdoarem, o fazerem sem nenhum critério, crendo que sua iniciativa será eficaz apenas pela nobreza de sua intenção. O que na maioria das vezes o leva a grandes constrangimentos e frustrações, possibilitando o surgimento de outras mágoas.

Pelas razões descritas, oriento que a partir de agora o leitor deverá seguir todas as orientações de forma disciplinada, que de uma forma bastante segura poderá lhe proporcionar uma maior chance de sucesso, não só na direção de sua cura e libertação, mas também na construção de uma "blindagem" que lhe tornará menos suscetível a se ver envolvido em ofensas.

O primeiro passo para nossa cura e libertação vem na tomada de consciência de que a ofensa é uma expressão mal formulada oriunda da falta de recursos do ofensor, seja pela baixa estima, pela expectativa não atendida ou baixa tolerância à frustração, por um autoconceito distorcido, e principalmente pela falta de amor próprio. Pessoas com autoestima saudável e ajustada, e um mínimo de amor próprio, raramente se magoam ou usam de agressividade em suas relações, e quando o fazem seguramente rapidamente reconhecem e consertam o que não ficou bem esclarecido, não colecionando mágoas.

Na Bíblia, no livro de Marcos 12:31, está escrito: "Amarás o teu próximo como a ti mesmo. Não há outro mandamento maior do que este". E este mandamento talvez seja um dos mais difíceis de ser praticado, não só por ser direcionado ao outro, e este outro poderá ser até mesmo um inimigo, mas por não termos mais a quantidade mínima necessária de amor próprio para a prática do cumprimento do mandamento. É extremamente necessário um mínimo de amor próprio, ou nada será possível.

Vivemos aprisionados num paradoxo humano, a busca da aceitação e do reconhecimento. Abrimos mão de nossa individualidade para sermos aceitos nos padrões sociais, privilegiamos o ter ao ser, nos vestimos iguais, consumimos as mesmas coisas, viajamos para os mesmos locais, sonhamos as mesmas coisas, e ainda assim queremos ser reconhecidos por nossa individualidade, ou ainda pior, já abrimos mão do reconhecimento de nossa essência na busca desenfreada pela aceitação.

Tal escolha nos leva a um aprisionamento na busca dessa aceitação, um exagero de expectativas impossíveis de serem alcançadas, que só servem para minar nosso autoconceito e nossa autoestima, tornando-nos frágeis e inseguros, dependentes da aprovação alheia, sem sequer questionar a idoneidade de nossos ídolos.

Portanto, entenda que preliminarmente à decisão de purificação e cura através do perdão, precisamos retomar o amor próprio, reduzir nossas expectativas acerca do outro, precisamos decidir e aceitar que somos perfeitos aos olhos do Criador, mas que precisamos evoluir no aprendizado e através do compartilhamento de nossas ideias e experiências de vida, que somos seres em construção e desenvolvimento, e por isso imperfeitos. E como seres perfeitamente imperfeitos, interagir de forma saudável com nossos semelhantes, através do amor e do respeito, para que o perfeito se faça presente em nossas vidas.

Na medida em que nos amamos e nos aceitamos com as nossas imperfeições, perfeitamente imperfeitos, nos tornamos tolerantes e pacientes com a perfeita imperfeição de nossos semelhantes, crescemos conscientes das diferentes formas de nossa existência humana, elevamos nosso autoconceito, sentimos orgulho de nossas escolhas, uma vez que passam a ser feitas de forma consciente e voluntária, e não mais reativas por padrões de que não necessitamos, mas que nos são ditados por um sistema que se beneficia da competição desenfreada entre os semelhantes, se retroalimentando de rixas e frustrações.

Em outro texto bíblico muito conhecido, ressalta-se para o elemento essencial para uma vida plena. Em 1 coríntios 13:4-7, que diz: "O amor é sofredor, é benigno; o amor não é invejoso; o amor não trata com leviandade, não se ensoberbece. Não se porta com indecência, não busca os seus interesses, não se irrita, não suspeita mal; Não folga com a injustiça, mas folga com a verdade; Tudo sofre, tudo crê, tudo espera, tudo suporta". Peço atenção especial à última frase, onde frequentemente se entende suporta como tolera, mas não podemos descartar o entendimento de que suportar também deve ser entendido com o sentido de sustentação.

Dessa forma, juntamente à decisão da prática do perdão, devemos assumir o compromisso de buscar sustentação de nossa prática no amor, e, seguindo o preceito bíblico, podemos concluir que somente de posse do amor que sustenta, amor próprio, será possível qualquer ação que siga em direção a um ofensor, ou nos dará a sustentação necessária para admitirmos nossa responsabilidade pela ofensa a outro.

Na nossa sociedade ocidental, não estamos acostumados a receber educação emocional, não somos educados a ouvir nossa voz interna, a termos momentos diários de reflexão de nossas ações e suas consequências, não somos avaliados por nossos processos, mas pelos nossos resultados e essas práticas nos distanciam da nossa essência e da nossa consciência.

Dessa forma, honrar a sua existência, ser gentil consigo mesmo, reconhecer suas limitações e as dos outros, livrar-se da culpa através do autoperdão são excelentes escolhas que sustentarão uma nova forma de olhar para si e para o outro que certamente lhe conduzirá a uma vida mais plena e feliz.

"O propósito é que não sejamos mais como crianças, levados de um lado para outro pelas ondas, nem jogados para cá e para lá por todo o vento de doutrina e pela astúcia e esperteza de homens que induzem ao erro."

Efésios 4:14

Reconstruindo o autoconceito

"O amor-próprio é um animal curioso, que consegue dormir sob os golpes mais cruéis, mas que acorda, ferido de morte perante uma simples beliscadura."

Alberto Moravia

Como dito anteriormente, um dos pilares da ofensa é a distorção do autoconceito, também conhecido como "self". Segundo Jean-Paul Sartre (1905-1980), filósofo e escritor francês que foi um dos maiores integrantes do pensamento existencialista e autor da frase "O Inferno são os outros", em que, através de uma ótica relacional do indivíduo, constata que não temos como nos esconder do julgamento e das expectativas do outro, além de ao vê-lo enxergarmos nossa imperfeição.

Tal perspectiva aprisiona-nos a viver uma expectativa que jamais será atendida, pois, por estarmos em construção, perfeitamente imperfeitos, torna-se bastante desafiante atender a expectativa deste outro tão distinto e tão igual a nós, este outro que julga, avalia, reduz e por muitas e muitas vezes te faz acreditar em um tamanho que não é o teu.

Somos seres em construção e, portanto, imperfeitos na perfeição da nossa criação. Precisamos entender que não há um único ser humano que seja superior a outro, independentemente de sua condição social, todos temos nossos pontos fortes e fracos, a despeito oportunidades que a vida nos proporcionou ou nos tem proporcionado. Esse entendimento é prioritário para qualquer mudança, aceite que por mais que alguém lhe pareça superior isso não passa de uma distração de sua mente, pois não somos capazes de reconhecer no outro aquilo que não há em nós.

Essa hierarquização de valores é individual e se dá pela desistência do próprio sujeito em relação ao que admira e/ou deseja possuir. Vejamos: uma pessoa acima do peso que não se sente confortável em seu corpo e tende a achar que aquela que tem um corpo mais magro é mais bonita que ela (destruição do autoconceito) ou começa a arrumar desculpas para as pessoas com o corpo desejado, tais como críticas a outros comportamentos de alguns indivíduos com o corpo que gostaria de ter (justificativa). Dessa forma, o sujeito se aprisiona em um corpo que não aceita e no sofrimento da frustração e da vitimização.

Primeiro passo para a mudança é a aceitação de que não importam as razões que te levaram para onde você está, sejam quais forem, você pode mudá-las, desde que aceite que embora outros já tenham conseguido aquilo que você quer, vivemos em um mundo próspero e abundante, onde toda e qualquer mudança é possível.

Aceite sua condição, ame-se da forma que é. Facilmente nos apaixonamos pelo belo, somos orientados pelo positivo, caminhamos para a evolução ainda que involuntariamente e a despeito de nossa ignorância, mas se não fores capaz de amar-se pela admiração (autoestima), minha sugestão é que comece a construir esse amor pela compaixão.

E a melhor forma de dar início a esse processo é aceitando que estás aquém do que sua perfeita imperfeição lhe permite, perdoe-se pelas razões voluntárias e/ou involuntárias que lhe colocaram nessa condição, e para isso o leitor pode usar o formulário ao final do livro. E minha sugestão é que, antes mesmo de dar início ao processo de perdão interpessoal, o faça de forma intrapessoal.

Nos parágrafos anteriores citei o exemplo da pessoa acima do peso, mas não importa qual seja o seu caso, nem as razões que o levaram tão distante daquilo que desejas. Os motivos, os acontecimentos, as razões são meras justificativas e foi a sua aceitação que o colocou na condição em que estás. Portanto, torna-se imperioso que se perdoe e comece a amar-se nas condições em que se encontra para que possa ser generoso e compreensivo o suficiente para se permitir a mudança. Somente revestidos de um autoconceito forte somos capazes de nos amarmos, pois atualmente, nos padrões de nossas relações, somos muito mais motivados a amar pelas qualidades do que pela compaixão. Quando não identificamos as "qualidades desejáveis", já classificamos e desprezamos. E fazemos isso com nós mesmos.

Entenda que não podemos dar aquilo que não possuímos, como podemos amar nossos inimigos se não somos capazes de nos amar como somos? Se no seu autoconceito você não tem motivos suficientes para amar-se, não será capaz de amar o outro. Pense se o que não gosta ou aceita em você mesmo é justo e honesto. Pois muitas vezes rejeitamos algo valioso, simplesmente por não estar ajustado aos padrões sociais, e isso nem sempre é o melhor. Atualmente em nosso país, ser honesto pode levar a um entendimento distorcido de ser bobo e fazer-nos acreditar que não seremos capazes de prosperar honestamente.

Faça uma avaliação imparcial daquilo que te incomoda, veja se o problema é realmente um problema, se isso é realmente fundamental para a sua realização e o seu bem-estar. Pense nas razões que o fazem desejar o que ainda não é ou possui. Em caso afirmativo, perdoe-se, e faça um plano para mudança, estabeleça uma meta, honre e celebre cada passo dado, perdoe-se em eventuais "fracassos", lembre-se que fracassos não existem, o que existe são resultados e, se os mesmos não forem o que deseja, refaça o plano e mantenha o foco na meta, "E a perseverança deve ter ação completa, a fim de que vocês sejam maduros e íntegros, sem lhes faltar coisa alguma" Tiago 1:4 - NVI. Caso contrário, simplesmente aceite.

Em um dos meus *workshops* sobre metas, lembro-me de um rapaz de aproximadamente 24 anos que tinha colocado como meta adquirir uma

Ferrari amarela. O objeto de seus sonhos cumpria todos os requisitos de uma meta, tais como: Mensuralidade (quanto?), Especificidade (o quê?), Temporalidade (quando?) e Alcançabilidade (como?), mas ao buscar o sentido (por quê?), o mesmo identificou que tinha condicionado o automóvel como o único meio de ser admirado, e pela admiração a forma como reconhecia ser amado.

Sentir-se amado era o que aquele jovem desejava. Agora imagine passar uma vida inteira perseguindo uma Ferrari e chegar à idade adulta sem sentir-se amado, sem reconhecer o amor dispensado pelas outras pessoas, pois, sem dúvida nenhuma, para chegar aos 24 anos alguém o amou suficientemente para criá-lo, o problema era como ele reconhecia ser amado.

"Acima de tudo, porém, revistam-se do amor, que é o elo perfeito."
Colossenses 3:14

Primeiro perdoar ou pedir perdão?

"Se o seu coração é absoluto e sincero, você naturalmente se sente satisfeito e confiante, não tem nenhuma razão para sentir medo dos outros."
Dalai Lama

Tanto para pedir perdão como para perdoar é preciso um autoconceito minimamente saudável, e seguir alguns cuidados para não se re-magoar, ou piorar ainda mais uma situação que está aparentemente encerrada. Por isso, poderá surgir uma dúvida no leitor de por onde começar seu processo de cura.

Seguramente o início se dá em perdoar e nada mais nada menos do que perdoar a pessoa mais importante de sua vida: Você! E não podemos pensar em nenhuma outra ofensa, antes de perdoar-se por escolhas que já foram úteis, em algum momento, mas que atualmente não faz mais sentido manter-se. Perdoar-se por ter exigido tanto de si mesmo, por suas renúncias e pelos resultados diferentes dos desejados. Não é preciso viver muitos anos para se possuir uma coleção de eventos com as características acima.

Poderá o leitor questionar que então fez tudo errado ao longo da sua vida? Embora sem conhecê-lo posso afirmar que seguramente não. Os eventos a que me refiro são aqueles que em nada contribuíram com seu crescimento, que nada contribuíram com o crescimento das outras pessoas. Aquelas escolhas que fazemos na expectativa da aceitação ou por algum medo dos outros que nada têm a ver com os nossos valores, e que de alguma forma nos aprisionaram em mágoas por expectativas não alcançadas.

O objetivo do perdão é a libertação pela finalização de uma percepção negativa de perda, traição, ofensas, mentiras e o que quer que seja que tenha lhe causado uma sensação de necessidade de reparo, compensação, exigência de castigo, punição etc. É aceitar a perda, na busca de sua libertação. É um processo intrapessoal, que precisa ser iniciado pelo "perdoador", no caso o leitor.

Embora quando pensamos em perdoar pensemos primeiramente nas ofensas que recebemos por terceiros, devemos lembrar que por vivermos um autoconceito distorcido, e por vivermos 24 horas por dia com nós mesmos, pela expectativa da aceitação pelos outros, somos nós mesmos que mais nos ofendemos, mais nos magoamos e mais expomos à prova nossos valores.

Quem nunca insistiu em uma relação, quer afetiva, social ou profissional, mesmo sabendo que o outro não compartilhava dos mesmos valores essenciais que nós, e em pouco tempo acabou se magoando? Quem é o responsável por isso? O outro, que desde o início revelou seus valores e seu caráter? Ou aquele que mesmo vendo as diferenças ficou buscando justificativas para a manutenção da relação? Não preciso saber sua história para saber que você foi o grande facilitador dessa ofensa recebida, portanto, mãos à obra, comece perdoando a si mesmo.

Entenda que muitas das suas frustrações do presente, muitas das suas limitações, se dão como defesa por alguma mágoa do passado e perdoar-se é viver o presente, sem se impor condições ou compensações, não mais condicionando as expectativas de repetição de eventos que já passaram. Liberte-se das dores do passado para poder criar o seu futuro, pois perdoar é ressignificar o passado, e se tornar livre para viver o presente.

A partir da sua libertação através do autoperdão será o leitor detentor de um autoconceito mais próximo ao seu real tamanho, proporcionando uma força e coragem necessárias para o início da prática do perdão interpessoal e ato contínuo motivado a libertar outras pessoas que o aprisionam, com o pedido de perdão pelas ofensas praticadas.

A fim de conduzir o leitor para uma direção de como autoperdoar-se, o mesmo deverá seguir as instruções na última parte do livro, mas para tanto sugiro que não pule nenhum capítulo, leia todo o livro calmamente, absorvendo e buscando entender os conceitos e propostas do mesmo, se preciso for, repita a leitura, discuta com amigos ou com seu terapeuta se tiver, para somente após entendido o processo dar início a sua prática.

"Procure apresentar-se a Deus aprovado, como obreiro que não tem do que se envergonhar e que maneja corretamente a palavra da verdade."

2 Timóteo 2:15

Sobre a ofensa

"Elevai a tal ponto a vossa alma, que as ofensas não a possam alcançar."
René Descartes

Vamos pensar um pouco sobre o que seria uma ofensa. Ofensa é algo que nos atinge de forma a nos causar dor, sofrimento, decepção, e com muito pouco esforço podemos generalizar em algo que não atende nossas expectativas. Expectativas de amor, respeito, honestidade, seja lá do que for, mas são as nossas expectativas que são atingidas. E, por não estarmos conscientes disso, direcionamos para nossa identidade, nossos planos, nossos valores.

Vivemos norteados por nossos valores e pelas normas sociais, emoldurados pelo nosso autoconceito, aquilo que inconscientemente pensamos ser e por isso o que merecemos receber é o nosso senso de justiça que define o que nos ofende ou não. Vejamos: se pegarmos nosso carro e sairmos dirigindo pelas ruas, seguimos algumas regras, como manter nosso veículo do lado direito da via, respeitar as placas de sinalização, e esperamos que todos os outros motoristas façam o mesmo, afinal, existem leis que devem ser seguidas e punições para as infrações a essas leis.

Acontece que, embora conscientes da existência de leis que regulam o tráfego de veículos, da existência de autoridades para fiscalizar e punir as infrações, sabemos que não podemos confiar na obediência e perícia de todos os motoristas que circulam pela cidade e que eventualmente podemos sofrer um acidente e por essa razão contratamos um seguro que irá nos ressarcir de algum dano que eventualmente possa ocorrer.

Algumas pessoas pagam suas apólices de seguro por anos, mesmo sem nunca terem sofrido algum acidente automobilístico, renovam anualmente suas apólices com alegria por não terem precisado utilizar a garantia contratada. Fazem isso apesar de saberem que ninguém sai de casa dirigindo um veículo para causar um acidente, ninguém compra um veículo para atropelar alguém ou ter algum tipo de prejuízo material e até mesmo físico, fazemos isso porque temos a consciência de que não podemos confiar em todos os motoristas e até mesmo que não iremos em algum momento falhar ou cometer alguma falha que nos leve a um acidente, e mesmo vivendo sob leis e regras claras, não temos a expectativa de que estamos 100% seguros do que vai nos acontecer.

Mas qual é a nossa postura quando tratamos de nossas relações interpessoais? Existe seguro para ofensas? A resposta é sim. Ainda que tenhamos de pagar uma franquia, como no caso de um veículo, devemos colocar nossas expectativas no seguro e com isso iremos reduzir drasticamente o prejuízo de uma eventual ofensa. Mas onde encontrar um seguro contra ofensas? Que tipo de seguro é esse? A resposta é seu autoconceito e o foco na sua própria vida. Na medida em que você se torna consciente de quem você realmente é, e do que deseja para sua vida, o potencial ofensivo de qualquer comportamento que venha em sua direção é completamente reduzido ou até mesmo anulado.

Quando contratamos um seguro de automóveis, geralmente não o fazemos baseados na nossa competência de dirigir, mas por não estarmos certos do que os outros motoristas podem nos causar e pelo valor que atribuímos ao nosso bem. Sei de algumas pessoas que compraram um carro financiado em 60 meses e não colocaram no seguro por achar que nada ia lhes acontecer. Passados alguns meses, tiveram seu veículo roubado e precisaram continuar pagando por anos algo que já não possuíam mais.

Você vê alguma semelhança nisso e naquela situação em que você vive anos sofrendo uma mágoa, que alguém que não mais faz parte da sua vida lhe causou?

Quando colocamos um veículo no seguro, estamos protegendo nosso bem móvel e nos resguardando de eventuais danos que os outros possam nos causar, e também nos resguardando dos danos que podemos causar a alguém. Lembra-se da frase de que viver não é seguro e o mundo não é um lugar seguro? E por que não fazer o mesmo com nosso patrimônio emocional?

Sabemos que ninguém sai de casa com o objetivo de causar um acidente automobilístico ou atropelar alguém, ou pelo menos a grande maioria das pessoas não faz isso, eventualmente alguém pode até fazê-lo, mas não é o que esperamos que ocorra. Da mesma maneira, não acredito que alguém acorde e diga: "hoje vou ofender fulano ou beltrana", "depois do almoço vou magoar alguém", ou "é hoje que vou humilhar o primeiro que eu encontrar". As pessoas podem até pensar em uma vingança, uma revanche etc., da mesma forma como já vimos pessoas que usaram seus veículos para atropelar alguém intencionalmente, mas esses são casos específicos, que também podemos, senão evitar, minimizar ao máximo seus efeitos.

As pessoas nos magoam primeiramente porque permitimos, concedendo-lhes poder para tal, posteriormente porque não colocamos nossas expectativas no seguro, tal qual fazemos com um veículo. No momento que você entender que as pessoas só podem oferecer aquilo que possuem, que quando alguém te ofende usando de palavras pejorativas é apenas uma tentativa de reduzir o valor que ela reconhece que você possui.

Você já viu alguém xingando um mosquito pousado em uma parede? Mas facilmente alguém pode dizer um palavrão ao ser acordado pelo zumbido de um mosquito no meio da noite, especialmente se estiver precisando muito descansar, ou na expectativa de um longo dia pela manhã. Entenda que o xingamento não é direcionado ao mosquito pelo que ele é, mas diante do que ele causa naquele momento de fragilidade daquela pessoa. Mosquitos voam e fazem aquele zumbido característico, mas naquela noite, para aquela pessoa, a simples existência do mosquito é um grande problema, não há nada de errado na vida do mosquito.

Quando você estiver ciente de seu autoconceito, isto é, de quem você é, vai saber que provavelmente, no momento da ofensa, por alguma razão que você desconhece, a pessoa que o ofendeu apenas está revelando o incômodo que sente na sua presença ou diante da sua existência. São as expectativas delas que não estão sendo atendidas. E, da mesma forma que ninguém vem ao mundo para atender suas expectativas e necessidades, você também não está aqui para suprir as expectativas dos outros.

Que fique claro que não me refiro àquelas expectativas pertinentes à vida em sociedade, como: civilidade, honestidade, cumprimento das leis etc., me refiro às expectativas sublimares de demandas emocionais. Por exemplo, uma pessoa com baixa estima, que não se reconhece com outros valores e de alguma forma conquistou dinheiro na vida, tende a tentar humilhar e diminuir os que aparentemente possuem menos dinheiro que elas.

O problema não é com quem tem menos dinheiro do que ela, é que ela sabe que, por mais que tenha, existem outras pessoas que possuem mais dinheiro, com a constante ameaça de estar perante alguém que tenha mais dinheiro, precisa aproveitar as oportunidades perante quem tem menos do que ela.

Portanto, diante de uma ofensa, seja de que forma ela venha, busque lembrar antes de reagir que o ofensor está primeiramente se revelando. Use sua energia de forma inteligente e, ao invés de revidar ou aceitar a ofensa, tenha em mente de forma clara quem você é e o que deseja para sua vida. Avalie se a pessoa que está a te ofender merece o poder de tirar a sua paz e determinar seus sentimentos para aquele momento.

No início pode parecer bastante desafiante, mas posso garantir que é extremamente libertador, e na medida em que você comece a praticar verá o quanto é gratificante e empoderador esse comportamento.

"Mas as coisas que saem da boca vêm do coração, e são essas que tornam o homem impuro."
Mateus 15:18

PARTE 3

"A mais profunda raiz do fracasso em nossas vidas é pensar: 'Como sou inútil e fraco'. É essencial pensar poderosa e firmemente: 'Eu consigo', sem ostentação ou preocupação."

Dalai Lama

Dando início à mudança

> *"Recompense o sucesso e o fracasso igualmente*
> *- puna a inatividade."*
> *David Kelley*

Perdoar uma ofensa já é um grande desafio para a maioria das pessoas, por muitas razões que já foram citadas e vou relembrar algumas por aqui. Primeiramente por não ser uma prática de nossa cultura, em seguida temos o desafio de gerenciar nosso senso de justiça, mas, ainda assim, os supostos impactos de um possível restabelecimento da relação e todos os desafios para mudanças do que já estamos acostumados, conduzem essa prática, muitas vezes, ao patamar de uma decisão muito importante em nossas vidas, tais como a escolha de uma carreira, casar ou a compra de uma casa.

Para alguns pode parecer que estou exagerando, mas não me refiro apenas àquelas ofensas de xingamento, fofocas e outras a que até já nos acostumamos, e por vezes nem nos "importamos". Embora não devamos subestimar nenhuma ofensa, principalmente neste momento de limpeza e cura. Mas refiro-me à violência física, abandono, perda de emprego, práticas abusivas e humilhantes, muitas vezes praticadas por pessoas relevantes de nossas vidas, como pais, irmãos, cônjuges e outras nas quais depositamos uma grande quantidade de afeto, confiança e representatividade e que com alguma frequência fazem-nos acreditar que nossa vida teria sido diferente, se tal ofensa ou pessoa não tivesse existido em nossas vidas.

Nossos registros de memórias são construídos, sustentados na sua carga emocional e elaborados a partir de nossos instintos de sobrevivência, que embora eficazes, em muitos momentos, tornam-se ineficientes. Por exemplo, uma criança que não recebeu os cuidados que ela demandava, o que não significa que não tenha sido cuidada, apenas que por alguma razão a forma como o cuidado foi dispensado não foi suficiente para ela, tende a viver como se não fosse merecedora de cuidados, e que a qualquer momento será abandonada.

Isso a acompanhará por toda a vida, a menos que através de um processo terapêutico venha a ressignificar o fato. A questão é que de nada adiantará compreender, se não se libertar da carga emocional daquela lembrança (aprendizado). Existem várias vias eficazes para se libertar e curar nossas representações distorcidas, por vezes até mesmo justificáveis, do nosso passado, mas a maioria irá demandar uma ajuda profissional para acessar com precisão todos os elementos envolvidos e a carga emocional de cada um.

O objetivo deste livro não é suprimir a ajuda profissional, muito menos oferecer fórmulas mágicas como via terapêutica, mas guiar o leitor de forma segura a buscar a cura de grande parte de suas dores emocionais através do perdão, e uma vez que consiga se libertar da maior parte destas dores, empoderado por suas conquistas, buscar a cura daquelas que porventura permaneceram e tornaram-se suportáveis, ou que até aqui lhe fizeram acreditar ser impossível livrar-se delas.

Por essas razões, a fim de não repetirmos os erros tão frequentes, de pelo simples fato de falar que perdoamos determinada situação acharmos que nos curamos da dor provocada pelos fatos, precisamos de um planejamento, de estratégias até a efetiva cura (perdão), a libertação da dor e a ressignificação do que antes te aprisionava em algo que te potencializa e empodera.

Lembre-se de que nenhum trabalho é em vão, que toda e qualquer decisão inclui uma concentração de energia e que, por menor que possa parecer o resultado imediato, seus ganhos sempre serão potencializados pela soma da energia que já não mais é desperdiçada, adicionada ao novo, a energia curadora que agora passa a ser atraída na sua direção, e isso se estende para todas as áreas de sua vida.

O cuidado é tomar a decisão e agir, para que não se coloquem ainda mais camadas de frustração naquilo que nem deveria estar aí. E como toda ação que busca um determinado resultado demanda um planejamento, ou ficaremos sujeitos ao acaso, a seguir teremos um passo a passo que irá guiá-lo nesse processo. Lembre-se de que você é o autor e protagonista de sua história, e se por acaso isso lhe parece novo ou por alguma razão você abdicou de algum desses papéis, possivelmente fará uma transferência ou projeção da mágoa.

Com muita frequência, parte de nossas mágoas são na verdade projeções de nossa culpa, isto é, sabemos que de alguma forma contribuímos, seja negligenciando ou fazendo escolhas, com aquele nosso valor que foi negligenciado, mas por não querermos admitir nossa responsabilidade alteramos os fatos, distorcemos a história para não admitirmos nossas responsabilidades e tomados por nosso senso de justiça, buscando livrar-nos da "culpa" jogamos toda a responsabilidade para o outro e construímos uma mágoa para que possamos suportá-la.

Essa prática é muito frequente nos relacionamentos afetivos. Facilmente iremos ouvir pessoas dizendo que não sabem onde erraram; que estava tudo bem e acabou; que não mereciam isso ou aquilo etc. Todos sabemos onde erramos, podemos até não saber fazer de forma diferente e por isso continuamos a fazer da mesma forma e a colocarmos alguma expectativa (responsabilidade) de que o outro irá nos proporcionar um resultado diferente.

Mas então por qual razão não fazemos diferente? Por não sabermos ou acharmos que não somos capazes. E mais uma vez, tomados por nosso senso de justiça, fazemos um autojulgamento e nos condenamos. Sem ninguém para te julgar, somente aqui, diante de ti mesmo e mais ninguém, você já não tinha percebido que algo estava diferente? Você já não tinha desconfiado de algo? Com medo das consequências, não foi você que se omitiu e torceu para que as coisas se ajeitassem? Você só não avaliou corretamente os riscos e agora não sabe o que fazer.

Outra razão muito frequente está em algumas de nossas crenças, por exemplo: uma pessoa que é dependente emocional, no íntimo não acredita no amor. Quem não acredita no amor não pode pensar que é capaz de amar, e se não ama, automaticamente não irá encontrar quem a ame, isso é óbvio! Só que o amor é uma necessidade vital dos humanos, ninguém vive sem amor e isso colocará a pessoa em um estado constante de carência e desamor.

Esses são apenas alguns exemplos com que o leitor pode até discordar, mas seguramente vivencia alguma situação onde será preciso perdoar-se. E esse é o primeiro passo após a decisão de livrar-se do lixo emocional que acumulou ao longo de sua vida. Só somos capazes de dar aquilo que possuímos e quem não se perdoa não se aceita, não se ama, provavelmente nunca será capaz de fazê-lo por outra pessoa.

Considere que, se chegou até aqui, você já percorreu um grande caminho. Primeiro, por ter suportado carregar tudo isso por tanto tempo, depois que, mesmo com tanto lixo emocional, sua essência é tão forte que você conseguiu intuir que não deve continuar carregando isso por toda a vida, e em sequência ter a coragem e a humildade de buscar uma forma de fazer. Se você acha isso pouco, dê uma olhada a sua volta e veja quantas pessoas fazem isso ao longo de suas vidas. Parabéns por sua determinação.

> *"Pois Deus não nos deu espírito de covardia, mas de poder, de amor e de equilíbrio."*
> *2 Timóteo 1:7*

Autoperdão

"Seja gentil com você mesmo. Aprenda a se amar, a perdoar a si mesmo, pois só quando temos uma atitude correta com nós mesmos é que podemos ter a atitude correta com os outros."

Wilfred Peterson

Não importa o que você tenha feito ou tenha acontecido na sua vida, isso não é forte o suficiente para aprisioná-lo para o que ainda lhe resta viver. Não, eu não estou escrevendo isso porque não conheço tua história. Estou escrevendo isso porque realmente acredito que, seja qual tenha sido, você pode desfrutar de forma saudável os dias que ainda lhe restam.

Isso não significa que as consequências dos fatos serão modificadas, mas que o sofrimento da culpa e do arrependimento, do sentimento de injustiça que são totalmente dispensáveis, e na maioria das vezes a verdadeira dor e causa de sofrimento. Esses sim podem e devem sair da sua vida o quanto antes.

Como ser capaz de perdoar alguém, que na essência do ato é amar incondicionalmente, liberar amor genuíno, amor Ágape, liberar a energia vital na sua melhor forma a outra pessoa, se não formos capazes de fazer isso a nós mesmos? Lembra-se do segundo mandamento de Jesus: "Amar o teu inimigo como a ti mesmo"? Com essa simples frase Jesus traz a solução para a maior parte, senão a totalidade, dos problemas relacionados às relações intra e interpessoais.

Somos seres relacionais, vivemos dentro do paradoxo da aceitação e do reconhecimento, dentro de uma sociedade extremamente competitiva, não fomos educados na maioria das vezes de forma que contribuísse na construção de uma personalidade forte e sadia. Não por culpa de nossos pais, pois eles também não foram educados dessa forma. A Psicologia é uma ciência muito nova, somente nos últimos anos, com a popularização da internet, passamos a ter acesso a informações que antes estavam restritas a profissionais e/ou estudiosos de determinadas áreas, ou até mesmo nem haviam sido descobertas.

Portanto, nem por um segundo volte ao padrão de buscar culpados para suas dores, entenda de uma vez por todas que isso você já fez por toda sua vida, e o momento é de mudanças, de cura, e esta é uma excelente oportunidade de praticar aquela questão de tomar o controle de sua vida, e mudar o que não te faz bem, independentemente de como e por que isso aconteceu. Continue com foco no seu crescimento e na sua libertação.

Reconhecer sua imperfeição e aceitar suas limitações são passos fundamentais para o seu crescimento, que isso não sirva mais de desculpa para continuar fazendo as mesmas coisas, mas para manter o foco no seu crescimento e na sua evolução.

Seja o que quer que tenha ocorrido, você consegue chegar até aqui, e com a sabedoria de que algo não está bem e precisa mudar, isso é, por si só, uma grande conquista, algo por que muitas pessoas passarão toda a vida sofrendo e sendo incapazes de reconhecer, morrerão justificando e imputando culpa a inúmeras pessoas, mas você não. Você teve a sabedoria de reconhecer que algo precisava ser feito, está buscando a mudança e a libertação que precisa e merece.

E o melhor disso tudo é que o que você busca é possível, existem inúmeros caminhos que podem levá-lo a isso, e fico muito feliz por, de alguma forma, estar sendo um desses caminhos. Não será o meu conhecimento, os meus argumentos, ou o que estou compartilhando neste livro, que farão isso por você. É a sua decisão de mudar sua vida, se livrar das dores, das ofensas, das mágoas que o trouxeram até aqui sem abrir mão do aprendizado, da sua força em não desistir, de perseverar na busca de uma vida melhor, mais leve. A vida que você merece e foi criado para viver!

Acredite que seu sofrimento foi a forma que sua mente encontrou para fazê-lo lembrar-se de que, apesar de tudo, você tem caminhado, que mesmo com toda essa dor, com todas as ofensas, humilhações, violências e frustrações que tenha passado, você esta aí, preservando sua capacidade de buscar mudanças, mesmo ainda sem saber como fazê-las você não desistiu, mesmo com todos os desafios da vida cotidiana você ainda encontra forças para mudar aquilo que não lhe faz bem. Esse é o caminho.

Você precisa é tomar consciência de seu poder e manter o foco naquilo que deseja: viver uma vida plena e próspera. Independentemente de onde você esteja e como esteja é possível mudar essa condição, ainda que você não saiba como fazer, posso garantir que você está no caminho certo, a busca é que te leva ao resultado. Na medida em que você coloca sua energia na busca de algo, esse objetivo já começa a vir na sua direção também. Acredite! O Universo sempre conspira a nosso favor.

Durante nossa caminhada erramos, e vamos continuar errando até o fim de nossos dias. Somos seres em construção, perfeitos aos olhos do Criador, e na nossa perfeição somos imperfeitos, pois precisamos aprender e evoluir. A questão é que estamos acostumados a sermos avaliados pelos resultados e não pelo processo, e isso tem nos desencorajado a buscarmos nossa evolução, isso faz com que sejamos extremamente exigentes, inclusive e principalmente com nós mesmos.

Quantas pessoas você conhece que se envergonham de seus corpos, de sua aparência, de sua educação? Como se houvesse um gabarito para o ser humano, e fôssemos obrigados a viver aprisionados nele. É claro que, se não estamos satisfeitos com algo, podemos e devemos mudar, mas precisamos buscar a origem de nossa insatisfação. Uma pessoa com sobrepeso pode e deve buscar emagrecer na busca por uma melhor saúde, mas buscar uma forma física na tentativa de se sentir amada é uma grande perda de tempo, o foco deve ser outro.

Pare por um momento, busque sua missão, busque o que o motiva, seja honesto consigo mesmo. Abandone suas justificativas, elas não o levam a lugar nenhum, nem contribuem com seu crescimento. Coloque seu foco no que você quer para sua vida, descubra suas qualidades, reconheça suas limitações. Tudo que negamos nos aprisiona, se você se sente carente, assuma isso, busque a origem dessa carência apenas para compreender suas razões, é nesse ponto que você deve praticar o perdão àquele(a) que de alguma forma está presente nesta cena e a você por ter trazido essa experiência até os dias atuais.

Abandone o certo e o errado, substitua esses conceitos pelo útil e nem tão útil na situação, não somos justos o suficiente para nos orientarmos por certo e errado. Oriente-se pelos seus objetivos e se sua escolha o afasta ou aproxima de seus objetivos. Sem, contudo, jamais desconsiderar a ecologia, como suas decisões irão afetar as pessoas que são importantes em sua vida.

Saiba que isso é seu e somente seu, assim como suas dores. Esteja vigilante para o fato de que você é o autor e protagonista de sua vida. Mantenha suas expectativas sob controle, não existem resultados negativos, existe a resposta das suas escolhas, se não conseguiu algo é porque não fez como deveria ter feito, faça de novo de forma diferente até conseguir o que deseja, sem vitimismo ou essa de achar que não é para você. Lembre-se, se é possível para alguém é possível para você.

"E a perseverança deve ter ação completa, a fim de que vocês sejam maduros e íntegros, sem que falte a vocês coisa alguma."

Tiago 1:4

Blindando as ofensas

"Não esqueça os elogios que receber.
Esqueça as ofensas.
Se conseguir isso, me ensine."
Pedro Bial

Já vimos que esquecer uma ofensa é algo praticamente impossível aos humanos, uma vez ofendidos com grande facilidade guardaremos tal fato em nossa memória na forma de uma mágoa. E a única forma de nos livrarmos dela será através do perdão, que, embora simples de praticar, nem de longe é fácil para a maioria de nós. Então como prevenir-se?

Tenha em mente que, assim como você, as demais pessoas possuem valores próprios, talvez bastante diferentes dos seus e, da mesma maneira que você, têm suas dores, suas limitações e suas expectativas. E por essa razão, da mesma forma que você fez durante muito tempo, essas pessoas estão vivendo com pouca consciência e muitas dores. E é isso que elas irão te oferecer diante da menor ameaça.

As pessoas fazem as melhores escolhas que podem com os recursos que possuem, se por alguma razão em uma interação contigo elas entrarem em contato com alguma dor do passado, reagirão para se defender, e como diz o ditado popular, nada sábio por sinal: "A melhor defesa é o ataque".

Talvez algum dia você já tenha ido a uma praia ou cachoeira e tomou sol demais. Isso faz com que nossa pele fique ardendo. Agora imagine que você está nessa situação, todo o seu corpo arde, está queimado, ferido, mas por um momento você se esquece dessa dor. Aí chega uma pessoa e sem saber que você está com seu corpo todo ardendo lhe dá um abraço bem apertado. Qual sua reação?

A pessoa que te deu o abraço é responsável pela dor que você sentiu no momento? Claro que sim, mas era essa a intenção dela? Claro que não. Ela apenas estava se manifestando diante da vida, não foi ela que te queimou e também de nada adianta colocar a responsabilidade no sol ou no protetor solar que você usou ou deixou de usar, você é que não soube se proteger em algumas situações a que se expôs. Primeiramente em relação ao sol, que não é bom ou ruim, apenas foi demais para você naquele momento. E a pessoa que lhe deu o abraço, embora tendo lhe causado uma dor real, dependendo da sua reação talvez fique em uma situação tão desconfortável que nem consiga lhe pedir perdão.

É isso que acontece nas situações em que a maioria das pessoas nos magoam, por vezes nem percebemos a dor do outro e na melhor das nossas intenções oferecemos nossos "abraços", nosso contato, e a resposta do outro é uma tentativa de se livrar daquela dor que causamos nela.

A recíproca também é verdadeira, temos as nossas dores, e nos surpreendemos e sofremos quando o outro toca nela. Precisamos nos lembrar de considerar que, quando alguém nos ofende ou nos magoa, na maioria das vezes o fazem pela mesma razão, ou estão reagindo às suas dores ou desconhecem nossos sofrimentos, precisamos nos lembrar disso, antes de interiorizarmos o evento.

Nossa postura não deve ser a de evitar a ofensa, embora possível na maioria das situações, mas a de não arquivarmos esse fato, sem antes elaborarmos e tratarmos a situação com uma atitude de perdão, ou estaremos acumulando lixo emocional.

Fazemos isso de várias formas, e que por não estarmos conscientes tornam-se ineficazes. Quem nunca, após um momento de tensão, ligou para um amigo(a) ou saiu para beber algo? O problema é que, ao fazermos isso, estamos apenas mudando o estado emocional que o fato nos provocou, mas, passado o stress, raramente elaboramos de forma eficaz a situação, e dessa forma será armazenada sem que tenhamos dado o tratamento adequado.

Buscar algo que nos tire daquele estado emocional é uma escolha bastante sábia para restabelecermos nosso equilíbrio emocional, mas totalmente ineficaz como prevenção ao acúmulo de lixo emocional, isso é uma ilusão. Faz-se necessário, de posse de nosso equilíbrio, fazermos uma análise detalhada dos fatos. Onde começou? O que deu origem àquilo? Poderia ter sido evitado? Como eu poderia ter evitado? O que isso diz a meu respeito? O que diz a respeito do outro? Será que eu agiria da mesma forma se estivesse nas mesmas condições que o outro?

Uma vez respondidas as questões acima, você pode elaborar outras e responder de forma honesta e consciente na busca imparcial de compreender o ocorrido e descobrir como aquilo pode colaborar com seu crescimento. Seja aprendendo a não se envolver outra vez em algo semelhante, seja em que você precisa melhorar para não se ver envolvido novamente, o melhor a fazer é perdoar "seu oponente".

Observe o teor da ofensa. Entenda que, se algo te tirou do sério, isso ocorreu por alguma área de sua identidade não estar forte o suficiente. Faça uma busca daquilo que precisa integrar, busque sentir gratidão pela pessoa que embora de forma pouco assertiva ou agressiva te lembrou que você precisa melhorar. Isso não significa que você não tem valor, mas que esse detalhe não está harmônico com aquilo que você demonstra ser.

Olhando com atenção, a maioria das ofensas são elogios carregados da revolta do outro por reconhecer em você algo que ela acha que não é, e na maioria das vezes gostaria de ser. Se alguém tenta lhe ofender chamando-o de gordo(a), isso significa que diante dessa pessoa, ainda que com raiva e uma grande intenção de destruí-lo(a), o máximo que essa pessoa achou foi que você está acima do peso, se é que isso é verdade. Os palavrões, então, são completamente vazios de significado, são palavras genéricas, usadas apenas por seu valor agressivo, cabe a você lembrar-se disso.

E se formos para as outras áreas das possíveis ações maldosas por parte dos outros, como fofocas, traições etc., essas devem ser tratadas da mesma forma, ao invés de sentir-se traído(a), busque as razões que te levam a confiar ou esperar que outras pessoas compartilhem dos mesmos valores que você, antes de obter suficientes evidências de que o outro é confiável. Se não fez isso, me desculpe, mas você não foi vítima de nada, você foi é negligente.

> *"Como a cidade com seus muros derrubados, assim é quem não sabe dominar-se."*
> Provérbios 25:28

Relações não são relacionamentos

> *"Ame tudo, confie em alguns, não faça mal a ninguém."*
> *William Shakespeare*

Embora nos dicionários você possa ver essas palavras como sinônimas, você pode considerar que existe entre elas uma pequena diferenciação ao menos em um sentido. A palavra relação traz a ideia de referencial de algo, é subjetivo e não necessariamente constante ou de compartilhamento. Posso me referir acerca da relação pai x filho sem precisar pontuar este ou aquele relacionamento que um determinado pai possui com seu filho. O que verdadeiramente existe é o contato em face da circunstância.

A relação existe, ambos coexistem. Não existe um filho sem pai, ainda que não participe sequer na concepção de um filho com sua presença, no caso da inseminação artificial, foi necessário o seu material genético para a geração da vida, é uma lei natural onde um não existe sem a relação com o outro.

De acordo com a ótica citada, muitas vezes seremos forçados a ter relações com diferentes tipos de pessoas, por vezes até mesmo conviver, o que não nos obriga a nos submetermos a um relacionamento, como no caso de um chefe ou vizinho. Seu vizinho só é seu vizinho porque você mora próximo a ele, se ele ou você mudarem de domicílio, não serão mais vizinhos, não terão mais nenhuma relação, mas poderão conservar um relacionamento, se o tiverem construído no período em que tinham a relação.

Como uma forma didática, podemos considerar que a relação é circunstancial, existe um contato necessário e inevitável, mas que não nos obriga ao compartilhamento emocional, isto é, construir um relacionamento.

Quando entramos em um estabelecimento comercial, provavelmente teremos contato com alguém que lá trabalha, se esta pessoa ou empresa não compartilha de nossos valores, tais como honestidade, civilidade, boa educação ou qualquer outro, temos a liberdade de nos retirarmos e nunca mais voltar. Se por outro lado compartilhamos dos mesmos valores, e ainda encontramos pessoas amáveis e educadas, podemos até nos tornarmos amigos do estabelecimento ou das pessoas que lá trabalham, damos início ao relacionamento, indicamos aos nossos amigos, torcemos pelo sucesso da empresa etc.

Lembro-me da história de um homem que tinha em frente do seu prédio uma banca de revistas e diariamente o homem comprava seu jornal lá. Certo dia, um vizinho, vendo-o sair da banca, falou: "Você compra coisas nesta banca? Esse homem é muito mal-educado, não compro nada com ele. Vou até a outra banca que fica há três quadras daqui". Ao que o outro respondeu: "É verdade, ele nunca responde ao meu bom dia. Mas é a mais perto da minha casa, não vou andar tanto por alguém que não merece".

Acontece que, com poucas exceções, estamos vivendo em uma época em que a carência nos é imposta e não nos damos conta, criamos a expectativa e passamos a depender que nossas relações passem a ser nossos relacionamentos e por isso nos frustramos.

Somos seres de natureza relacional, necessitamos de amor como necessitamos da luz do sol, é fisiológico, da mesma forma que nascemos equipados com o esquema mental da busca de aceitação e reconhecimento, e o objeto dessa busca, a moeda que reconhecemos como o justo pagamento de quem somos, é o amor.

Mas o que para você pode estar sendo novidade, ou algo que não estava considerando, para a indústria do marketing é o ar que respira, por isso te fazem acreditar que chocolate é amor, que tal marca de roupa ou relógio te faz ser aceito(a) e até que nossa família não é boa porque não usa uma certa margarina.

A mágoa proveniente de uma ofensa, excetuando-se pessoas com relativa baixa autoestima, que tendem a emotizar, senão todas, a maioria de suas experiências, geralmente é causada por pessoas de nosso convívio, muitas são provenientes de relações sem nenhuma importância. Mas que por não estarmos conscientes, tão pouco vigilantes em nossas interações, permitimos.

Mantenha seus relacionamentos baseado no quanto ele te edifica, te motiva ou te traz paz. Ofereça sua civilidade e cortesia em todas as suas interações, seja sua melhor forma. Não permita que o outro determine quem você é e como vai agir, ao menos que você tenha acordado e dito a si mesmo: "Hoje vou arrumar uma discussão", se for essa sua vontade pela manhã, minha sugestão é que fique em casa, tranque-se no quarto, pois é totalmente insano sair da cama para buscar uma perda. Mantenha o controle de sua vida

Entenda que sempre, em um combate, todos perdem, perde-se tempo, motivação, criatividade e, principalmente, você perde sua melhor energia, aquela que te mantém vivo e saudável, por algo que lhe trará prejuízo por um longo tempo.

Alguns minutos de raiva reduzem suas defesas imunológicas por horas, alteram suas taxas hormonais, submetem seu corpo físico a um estresse desnecessário, te expõem ao risco de doenças contagiosas e, dependendo da forma como você sedimentar o fato em sua memória, estará adubando o terreno para as doenças psicossomáticas.

Verifique se suas expectativas na relação são justas e justificáveis para a construção e manutenção do relacionamento. Quando vamos a um salão de cabeleireiro porque estamos nos sentindo tristes ou deprimidos, corremos o grande risco de nos magoarmos, e a responsabilidade é nossa, pois, se atribuímos a nossa carência simplesmente ao nosso aspecto físico e decidimos que mudar o corte do cabelo talvez nos faça sentir melhor, pode ser que funcione. Mas precisamos lembrar que o profissional do salão só vai mudar nosso cabelo, não cabe a ele solucionar nossa carência.

Esperamos que o outro reconheça apenas aquela nossa máscara que escolhemos para nos representar, e não perceba todas as outras que não queremos admitir, esquecendo que a energia vai onde colocamos a atenção, e aquilo que negamos é o que se revela, mesmo que não tenhamos consciência.

Mas e quanto aos relacionamentos abusivos e tóxicos, como o profissional, casamento, relacionamento com os pais? Livre-se deles o quanto antes. Isso não significa abandonar ou se livrar da pessoa, não! Antes de se demitir, se divorciar ou cortar relações com seus pais, identifique a mecânica da relação, verifique se você está se relacionando com a realidade ou com a expectativa, sua e do outro. Sempre temos nossas responsabilidades.

Isso é muito comum no início de namoro, quando queremos conquistar alguém, e como se diz atualmente, quando "estamos nos conhecendo". Na verdade deveríamos dizer quando ainda "estamos nos enganando". Com muita frequência tentamos mostrar aquilo que pensamos que o outro irá valorizar, nos moldamos a uma fantasia e perdemos a oportunidade de mostrar verdadeiramente o seu eu e acabamos perdendo tempo acreditando em algo que nunca existiu, pois, se não nos revelamos verdadeiramente como somos, esperar que o outro o faça é no mínimo injusto.

Não é porque é pai, mãe, filho, cônjuge ou chefe que você deve usar toda a sua energia emocional, nossos papéis mudam na medida em que amadurecemos, assim como as pessoas mudam também. Não é porque seu pai ou mãe foram "ineficientes" na sua infância que estão condenados a serem segregados na fase adulta. Da mesma forma, se atualmente não atendem suas expectativas ou valores para um convívio harmônico, lembre-se de que a gratidão é bem mais saudável do que a crítica. Eles não vão mudar só porque você quer, seja grato(a) por tudo que já fizeram e relacione-se naquilo que é possível. Controle suas expectativas, reduza seu senso de "justiça" e supra suas carências com amor próprio.

Ninguém vai mudar porque você quer, mude-se!

> *"Algumas vezes vocês foram expostos a insultos e tribulações; em outras ocasiões fizeram-se solidários com os que assim foram tratados."*
> Hebreus 10:33

Mude apenas o que pode ser mudado

"Amar não é aceitar tudo. Aliás: onde tudo é aceito, desconfio que há falta de amor."

Vladimir Maiakóvski

Para muitas pessoas, além da dificuldade natural em perdoar, essa prática torna-se ainda mais desafiante quando pensamos em um determinado grupo de pessoas, além é claro do perdão a si mesmo. E com muita facilidade iremos encontrar como elementos desse grupo os pais, as mães, os filhos e os cônjuges. E qual seria então a razão?

Primeiro por se tratarem de papéis sociais universais, são "qualificações" que já trazem em si mesmas uma ideação, ou seja, é como se ao se tornar pai ou mãe já se obrigasse a ter competências e comportamentos que algumas pessoas jamais alcançarão. Em seguida, nem sempre iremos compartilhar dos mesmos valores que nossos pais, nos construímos em nossas relações e aí vamos absorvendo nossas crenças e nossos valores, que não necessariamente serão os mesmos de nossos pais.

As pessoas crescem em diferentes direções, sempre iremos nos construir a partir de um determinado ponto, a vida é para frente sempre, mas levamos muito tempo para entender esse movimento e, tomados por nosso senso de justiça, reduzimos nossa empatia ao mínimo e passamos a exigir dos que nos rodeiam a mesma velocidade que imprimimos em nossas vidas, mas não é assim que funciona. Cada um tem seu tempo para aprender, e iremos reagir às experiências que a vida nos proporciona de forma muito individual.

Pelas mesmas razões que devemos buscar o hábito do perdão e nos blindarmos das ofensas que nos dirigem, para curar ao máximo o nosso passado e viver de forma mais próspera, precisamos aprender a enxergar a gratidão nas coisas em que sequer paramos para refletir.

Sentir-se injustiçado(a), ofendido(a), magoado(a) ou o que quer que seja quando alguém nos faz algo "mal", está relacionado ao nosso instinto de sobrevivência e de preservação. Inconsciente e algumas vezes conscientemente desejamos que o universo nos sirva, que funcione de acordo com nossa ótica e nossos valores, fazemos isso por uma única razão, o valor que damos às nossas vidas, no caso a própria vida.

Se a nossa própria vida é o bem mais precioso que possuímos, é no mínimo incongruente mantermos mágoas e ressentimentos por aqueles que nos geraram. É claro que isso não lhes autoriza a nos submeter a maus-tratos, violência ou abusos. Não pretendo minimizar ou legitimar determinadas ações, e, em alguns casos, os crimes praticados por pais contra seus filhos, mas insistir para que, independentemente do que lhe fizeram ou deixaram de fazer, em nada contribui com sua felicidade manter essa mágoa, como mágoa de estimação. Perdoar é a sua libertação, sua cura, ainda que você não consiga entender ou encontrar razões para o que lhe ocorreu, encontre na gratidão por sua vida a razão para perdoar e libertar-se.

Maus-tratos, abusos, violência, abandono e rejeição por parte dos pais são assuntos cotidianos dentro do consultório de um psicólogo, e acredite ou não, geralmente seus efeitos são tão traumáticos e danosos quanto a superproteção ou determinados tipo de educação e cuidados que passaram longe dos termos citados no início deste parágrafo.

Gerar uma vida não é nada fácil, alterações hormonais, pressão financeira, enjôos, dores, toda a sorte de medos e incertezas. Existe um sem número de publicações sobre a maternidade e a paternidade, para muitos um momento mágico e para outros tantos um trauma. São anos de dependência, de renúncias, de tentativas de acertar e seguramente muitos, mas muitos erros também.

Nem todos terão sucesso na criação dos filhos, seguramente falharão na transmissão de valores, na forma como tentam ensinar e também na negligência a determinados cuidados. Outros irão culpar os filhos por dificuldades da vida, e muitos outros argumentos ou desculpas surgirão. Se forem legítimos ou não, de nada contribuirá a reflexão. Mas, seguramente, armazená-los na forma de mágoa e/ou ressentimento não faz bem a sua saúde e em nada contribui com sua felicidade, por mais que você tenha usado isso como força para lutar as suas batalhas individuais.

Deixando um pouco de lado o aspecto romântico da relação pais/filhos, por melhor que seja a sua relação com eles, com muita facilidade iremos encontrar limitações em nossas vidas que têm a origem nessa relação, isso não tem nada de anormal, é uma consequência natural de nossa biologia, somos dependentes de cuidados por muitos e muitos anos, nenhum outro ser vivo tem sua sobrevivência dependente de outro por tanto tempo, ainda temos o fato de estarmos equipados com um aparelho psíquico que levará muitos anos para amadurecer. E por essa razão, eles estarão presentes em nossas limitações e com certeza nos causarão mágoas.

Mesmo quando a relação entre pais e filhos é satisfatória, nossas mágoas ficam maquiadas pela compreensão e entendimento, consideramos que o fim justifica os meios e declaramos que não temos mágoas de nossos pais, isso é bom, mas pode ser ainda melhor, se tivermos a coragem, diante da decisão de curar e limpar nosso passado, de fazer uma busca por algo que podemos perdoar.

Refiro-me aos comportamentos e atitudes que sabemos que são limitantes, a que já estamos acostumados e que, embora nos aprisionem, justificamos e aceitamos. São comportamentos como medo de empreender, manutenção de relacionamentos tóxicos, altruísmo ou egoísmos exacerbados e, seja qual for, limitam aquilo que você gostaria de ser e não é.

A postura de compreensão é extremamente saudável, sua resiliência vem exatamente do amor citado pelo apóstolo Paulo em sua carta à igreja de Coríntios, amor que tudo suporta, e este suporta é no sentido de sustentar, não de aturar, é esse o sentimento que servirá de pilar para a prática de um perdão genuíno a nossos pais, e é esse sentimento que será necessário com as outras pessoas a quem devemos perdoar.

Independentemente de qual o tipo de relação que possua com seus pais, perdoe-os. Se não pela compreensão e aceitação dos fatos, se não pelo amor que consiga sentir, faça pela gratidão por sua vida. Foram eles os canais para que você estivesse aqui, e isso é motivo mais que suficiente, se ainda não estiver convencido de que quem mais se beneficia é quem perdoa.

Livre-se completamente de suas mágoas, inclusive as de estimação, faça uma análise imparcial, verifique onde essas pessoas significativas realmente "erraram" e o que lhes foram atribuído por conta de uma ideação. Dispense a busca por razões, a menos que estas sejam facilmente compreensíveis e te ajudem a perdoar, experimente abrir mão de seu senso de justiça. Caso contrário, de nada irá contribuir com sua libertação, foque nos elementos positivos da relação.

> *"E não somente isto, mas também nos gloriamos nas tribulações; sabendo que a tribulação produz a paciência, E a paciência a experiência, e a experiência a esperança."*
> *Romanos 5:3,4*

Mãos à obra

"Agir, eis a inteligência verdadeira. Serei o que quiser. Mas tenho que querer o que for."
Fernando Pessoa

Como vimos ao longo deste livro, o perdão genuíno, aquele que verdadeiramente te liberta de qualquer tipo de desconforto ou sentimento diante da lembrança dos fatos, é algo extremamente desafiante, por uma simples razão já amplamente descrita: nossas memórias são construídas associadas à sua carga emocional. Ora, se não temos conhecimento e/ou consciência acerca das nossas emoções, como poderemos gerenciá-las?

Em cada interação com outras pessoas, expressamos nossos valores, nossa identidade, e o acesso ao nosso esquema emocional, inclusive de momentos em que não tínhamos sequer nosso aparelho psíquico minimamente maduro, como na nossa infância. Por essa razão, a nossa capacidade de perdoar torna-se bastante limitada, mesmo diante de uma forte decisão, pois se faz necessária uma ressignificação ampla, um entendimento do contexto e aplicação de bastante empatia com o máximo de consciência possível.

O propósito a seguir é conduzir o leitor de forma segura, acessar e tomar consciência, primeiramente se a mágoa é real, uma vez que o fato de não termos alguma expectativa atendida não configura uma ofensa. Talvez estejamos aprisionados na culpa, e não conseguimos perdoar porque achamos que não cabe perdão. Mas, condenados por nosso senso de justiça, sabemos que infringimos nossos próprios valores e a nossa libertação e a nossa cura somente virá no momento em que perdoarmos o que e quem realmente precisa ser perdoado. E isso poderá ser necessário fazer primeiramente conosco. Julgamos não ser necessário ou possível perdoar, porque neste caso o perdão necessário é o autoperdão.

Para maior eficácia e sucesso em nossa decisão, a energia deverá ser direcionada de forma a atingir a verdadeira razão, ao invés de sua justificativa ou ajustamento, e para isso precisamos descontruir a experiência na busca por seu real significado.

Uma maneira bastante eficaz no início deste processo é fazer um inventário das ofensas que recebemos e das que emitimos, faça isso em duas listas separadas, tais como: pessoas a quem devo pedir perdão e pessoas a quem devo perdoar, faça uma lista mesmo, coloque o máximo de informações como as listadas a seguir, mas procure ser específico em cada quesito, reflita e pense ao escrever.

Entenda que o simples fato de parar para pensar em nosso lixo emocional já é o início de um processo de cura e à medida que começamos a caminhar iremos encontrando as forças que necessitamos para a finalização do processo. Dê início à lista de forma calma e tranquila, busque somente pelas informações sugeridas a seguir, se por alguma razão as emoções tomarem conta ao lembrar-se de suas mágoas, faça um pequeno intervalo e só retorne à tarefa após recuperar seu equilíbrio.

1. Nome da pessoa

Ao escrever o nome da pessoa, observe sua fisiologia, busque identificar os sentimentos e sensações que se manifestam, tais como raiva, vingança, tristeza ou outros que lhe vierem à mente.

2. TIPO DE RELAÇÃO

Escreva ao lado o tipo de relação que possui ou possuía com essa pessoa, tal como: pai, mãe, amigo, sócio, conhecido, funcionário, cônjuge etc.

3. TIPO DE OFENSA

Escreva o tipo de ofensa ou motivo da mágoa, como xingamento, traição, agressão, humilhação, maus-tratos etc., verifique se em suas lembranças há uma mágoa, ou simplesmente a frustração de alguma expectativa não atendida.

4. VALOR VIOLADO

Escreva qual o seu valor que foi atingido, por exemplo: honestidade, fidelidade, integridade física ou moral, ou se apenas alguma expectativa infundada, como: você contou algo particular para alguém que mal conhecia e essa pessoa divulgou. Ainda que lhe tenha prejudicado ou exposto, o valor nesse caso foi a expectativa e assim deve ser escrita.

5. DANO REAL

Dano é aquilo que você realmente perdeu como resultado da ofensa, por exemplo: amizades, reputação, cargo, emprego, prejuízo financeiro. É preciso prestar atenção para não considerarmos a perda como justificativa para o que não aconteceu como queríamos.

Frequentemente construímos uma mágoa do novo parceiro de alguém com quem tínhamos um relacionamento afetivo, atribuindo-lhe a culpa pelo fracasso de nosso relacionamento. Verifique se essa pessoa é realmente "culpada" ou se não está sendo acusado(a) para proteger a reputação daquele(a) de quem não queríamos nos separar. Seu relacionamento realmente acabou por causa daquela pessoa? Busque ser imparcial e atribuir a cada um o que realmente lhe cabe e escreva.

Outro ponto importante é a reparação do dano quando somos os ofensores, essa questão deve ser analisada e se possível negociada com o prejudicado. A reparação do dano deve preceder a ação de pedido de perdão, mas nunca condicionada a sua concessão.

6. Relevância da pessoa na época

É extremamente importante observarmos quanto a pessoa que nos ofendeu é emocionalmente significativa em nossas vidas. Observe que o significado não é um juízo de valor acerca do outro, mas da carga afetiva que dispensamos. Não é o poder que a pessoa exerce sobre você, por exemplo, seu chefe. Ele pode até prejudicá-lo, mas só vai magoá-lo se você permitir.

Diferentemente de seus pais, que podem nem mais estar entre nós, mas para sempre existirão em sua vida, assim como cônjuges, noivos(as). Alta relevância são pessoas que mesmo que não tenhamos mais qualquer tipo de relacionamento marcaram nossas vidas e não há como apagar que existiram. A média relevância seriam as pessoas que, embora tenham influenciado nossas vidas, não chegaram a mudar nosso rumo ou nossas escolhas, foi algo temporário, mas que a lembrança nos faz mal. E a baixa relevância seria a ofensa de pessoas que não tinham sequer importância em nossas vidas, mas que por uma falha nossa permitimos que nos magoassem. Considere as três categorias e anote.

Sugestão de planilha

Nome	Tipo de relação	Tipo de ofensa	Valor violado	Dano real	Relevância

Lembre-se de que você deverá fazer duas planilhas, uma para quem deve perdoar e outra para quem deve pedir perdão separadamente. Devo ressaltar que inicialmente tanto o pedido quanto a concessão do perdão serão feitos de modo intrapessoal, ou seja, de você com você mesmo. Ainda que algumas questões listadas lhe tragam o desejo de se reportar ao outro, neste momento devemos seguir nosso roteiro para não cometermos erros e voltarmos à inércia. Outro fator muito importante a ser considerado é que não importa se as pessoas que surgirem na sua mente já estejam mortas, liste-as da mesma forma.

Use o tempo que for necessário, não se preocupe se esquecer de alguém, você poderá fazer este exercício quantas vezes sentir que é necessário e é bom que refaça após algum período. Em uma primeira vez ainda usaremos nossos mecanismos de defesa, mas à medida que for limpando sua vida, cada vez mais sentirá vontade de tirar tudo aquilo que não lhe faz bem.

Uma vez feita a lista, separe as pessoas de acordo com o grau de relevância para que sejam trabalhadas separadamente. Se por acaso você sentir que alguém de sua lista tem um efeito mais nocivo que todas as outras, coloque-a separadamente para que possamos agir de forma diferenciada.

"O infortúnio persegue o pecador, mas a prosperidade é a recompensa do justo."
Provérbios 13:21

Honre seu ser

> "As horas em que mais errei foram as que mais me ensinaram."
> Moraes Moreira

Chega de desculpas, já passou da hora de fazer as pazes consigo mesmo, ou todo seu esforço estará comprometido. Pegue um papel e caneta e comece a escrever o que não gosta em si mesmo, tais como: aspecto físico, partes do corpo, lembre-se de que a questão não é estar insatisfeito, mas reconhecer o que precisa ser mudado e partir para a ação. Culpar-se, vitimar-se ou recusar-se a aceitar suas limitações é que não vai te levar a nenhuma mudança.

Ainda que você tenha alguma deficiência, odiá-la não vai te ajudar em nada, aceite o que não pode ser mudado e faça o que pode ser feito. Mas, viver sobre um julgamento implacável sobre você mesmo não te favorece.

Em seguida escreva quais os comportamentos que não gosta de ter, isso pode ser: Falar dos outros, não saber dizer não, roer unhas, ser sedentário, seja lá o que for, livre de justificativas, escreva os comportamentos que deseja mudar ou abandonar, aquelas ações que você acredita que se não tivesse, você estaria melhor.

E por fim escreva os sentimentos que deseja livrar-se, tais como: Raiva de não possuir determinada coisa, medo de relacionar-se ou empreender, tristeza por lembrar algum fato, mesmo que tenha sido importante em sua vida. Mais uma vez quero te lembrar de escrever sem críticas.

Acredite que não existe a necessidade de sentir algo desagradável ao se lembrar de fatos de sua vida. Se você se arrepende de algo que fez ou deixou de fazer, está é a hora de se livrar desta culpa. É claro que se em sua lembrança vier alguém significante que já não está em nosso meio, sentiremos saudades, isso é natural e saudável. Mas aquele desequilíbrio incontrolável precisa e pode ser corrigido.

Evite colocar seu foco em detalhes do evento ou fato desagradável, sua atenção deve ser no presente, no que você sente e pensa hoje. Sua atenção deve ser no seu corpo físico no momento que lembra. Caso sua experiência esteja muito desconfortável, interrompa e vá fazer algo diferente na busca de seu equilíbrio e somente quando estiver calmo e equilibrado retorne a tarefa.

Lista feita, consciente da maioria dos comportamentos, sentimentos e arrependimentos que te incomodam e/ou te limitam de ser a melhor forma que poderia. Você deve escrever ao lado quais os comportamentos, sentimentos e habilidades que pensa que se tivesse não sofreria o que tem sofrido. Não há limites para desejar, apenas precisamos identificar o que nos tem faltado em momentos críticos, quais recursos não temos conseguido acessar em determinados momentos, tais como segurança, autoconfiança, autoestima, seja o que for, procure ser o mais específico possível.

Imagino agora que sua lista possui duas colunas, uma com anotações que te limitaram e te fizeram sofrer e a outra dos recursos que você acredita que, se tivesse naquele momento, teria te protegido dessas ofensas, tais como a tranquilidade, confiança, flexibilidade, tudo o que desejas que tivesse.

Um amigo, ao retornar da Ásia, compartilhou que ia sentir falta dos espetinhos de escorpião. Nunca na minha vida tive vontade ou desejo de comer um espetinho de escorpiões, não existe em minha memória nenhum registro de quando eu comi isso, precisei de um grande esforço para imaginar como seria comer um espetinho de escorpiões, primeiro porque só me lembro de ter visto um escorpião dentro de um pote de álcool na escola primária, muitos anos atrás. Não tinha detalhes da sua anatomia, tamanho e tudo o mais. Depois precisei associar a imagem que tenho de uma churrasquinho no espeto ao que poderia ser um espetinho de escorpiões.

Diferente do meu amigo que, ao provar a iguaria asiática, se agradou do sabor e era capaz de sentir sua falta. Qualquer que seja o comportamento ou sentimento que achamos que precisamos ou supomos não ter, em algum momento de nossas vidas já tivemos contato. Caso contrário, não teríamos sequer consciência disso. Se você sente falta é porque em algum momento já experimentou, é disso que você precisa, lembrar quando usou determinada habilidade e colocá-la disponível para as novas experiências.

O próximo passo é buscar em sua lembrança alguma situação que tenha tido o comportamento ou sentimento que diferentemente da situação que o incomoda na lembrança lhe faltou. Você pode anotar a experiência positiva onde exerceu ou manifestou tal comportamento. Faça isso para todos os comportamentos desejados de sua lista e, se por acaso não conseguir lembrar, imagine como seria se tivesse, o que faria diferente, como agiria.

Agora é hora de tomarmos posse de forma consciente destas informações para serem usadas em nossas experiências futuras. Busque um lugar tranquilo e seguro onde possa dispor de aproximadamente uma hora sem ser interrompido. Desligue telefones e toda provável interferência que possa vir a atrapalhar sua decisão. Mas, se por acaso algo o interromper, não se preocupe e tão logo seja possível retome seu propósito.

Dessa forma, imagine um círculo à sua frente, você pode até imaginar com alguma cor e de um tamanho que você possa entrar nele.

Um de cada vez, do lado de fora do círculo, reviva os momentos em que você sentiu cada um desses recursos. Vendo o que via, ouvindo o que ouvia, sentindo o que sentia, busque o máximo na sua lembrança. Imagine a cena como se estivesse acontecendo agora. Quando estiver sentindo ao máximo e plenamente cada recurso dentro de você, entre no círculo, passe a sensação para lá e saia dele, deixando a sensação com o recurso que deseja disponível.

Antes de fazer com o próximo recurso, soletre seu nome e repita os passos anteriores até colocar no círculo o último recurso que deseja. Após ter colocado todas as sensações e recursos dentro do círculo, entre novamente e imagine-se no futuro vivendo situações com todos os recursos disponíveis. Agora imagine esse círculo podendo ser pego no chão e vestindo-o, permita que ele te envolva e sinta-se revestido com todos esses recursos, para serem utilizados sempre que precisar.

> *"Pois estamos tendo o cuidado de fazer o que é correto, Não apenas aos olhos do Senhor, mas também aos olhos dos homens."*
>
> *2 Coríntios 8:21*

Deixa ir o que não te faz crescer

> "A gente não se liberta de um hábito atirando-o pela janela: é preciso fazê-lo descer a escada, degrau por degrau."
>
> Mark Twain

Certa vez na casa de um amigo, ajudei-o a trocar a torneira de um banheiro que pingava. Ao término do serviço joguei a torneira no lixo e ele imediatamente a pegou de volta e disse que precisaria guardá-la. Ao questioná-lo sobre a razão, o mesmo me respondeu que quando a torneira nova estragasse ele poderia "salvá-la" com alguma peça daquela velha. Ao longo de nossas vidas acabamos por guardar coisas que não precisamos, por uma chance muito remota de precisar e, quando precisamos, seguramente não buscaremos lá. Então é melhor não guardar. Ainda mais algo que certamente não tem essa utilidade.

Você deve ler todo o capítulo primeiro, e se preferir grave as instruções abaixo para ouvir, ao invés de ficar tentando ler ou lembrar-se. Busque um lugar tranquilo e seguro onde possa dispor de aproximadamente uma hora sem ser interrompido. Desligue telefones e toda provável interferência que possa vir a atrapalhar sua decisão. Mas se por acaso algo o interromper, não se preocupe e tão logo seja possível retome seu propósito.

A melhor posição para dar início a sua prática é sentado ou levemente recostado, evite deitar-se para que não durma ao longo do processo. Ainda que ao final possa parecer que dormiu, não se preocupe.

De forma calma e tranquila, observe sua respiração, mantenha-a de forma natural sem precisar fazer longas inspirações, mas, se sentir necessidade na busca de um maior relaxamento, faça.

Observe se há algum ponto de tensão em seu corpo e relaxe, sinta-se confortável e seguro e continue respirando suavemente.

Você não precisa pensar em nenhuma outra coisa... a sua mente inconsciente... vai continuar incorporando e pensando e sentindo, sem que você precise pensar em nada... fazer qualquer coisa, a única coisa que você tem que fazer agora é liberar a si mesmo... enquanto a gente... viaja para um lugar tranquilo e agradável.

Então, coloque-se em uma posição confortável... isso mesmo, e lembre-se... de que parte de você vai ficar conectado à minha voz e ao que eu disser...., enquanto que outra parte de você... pode simplesmente fluir... isso mesmo... muito bem.

E você pode sentir se tem algum desconforto ou tensão em alguma parte de seu corpo... e talvez você queira imaginar... dedos mágicos massageando essa parte do seu corpo... ou inspirando energia para esta parte... isso mesmo... muiiiiito bem... relaxando e liberando, e liberando e relaxando, lembrando-se da linda pessoa que você é... e é claro que você consegue fazer isso, e que você é perfeitamente imperfeito... isso mesmo... enquanto você vai mais... e... mais e mais fundo.

Você pode ver, visualizar ou perceber... visualizar ou imaginar um caminho... um caminho que de alguma maneira você sabe... um caminho que vai descendo mais... e mais... e mais... profundamente, até chegar em um lindo campo... você consegue sentir a umidade quente do ar... as belíssimas flores do campo... o perfume... as cores... os sons do vento se movimentando... e das aves, todas as aves que você possa imaginar... talvez sejam aves de verdade que você já tenha visto... ou talvez sejam aves imaginárias... texturas, sons, cores... isso mesmo... plantas... árvores... plantas exóticas... e ainda um caminho desconhecido, não explorado... e quando você vê uma árvore... você vê que pode descansar em sua sombra... e à medida que você vai mais e mais fundo... você pode até ver algumas folhas no chão... a chuva lavou algumas das cores... o sol... desbotou algumas das cores... vai ser tão interessante descansar agora... agora se sente e relaxe... e você relaxa profundamente... e começa a sonhar... um sonho muito real... um sonho em que um ser de luz senta-se ao seu lado... e você sente o seu amor... um amor que transborda... é tão bom sentir esse amor, que ele emana... e ele diz que você também pode sentir esse amor... e te envolve como em uma bolha de sabão... e você pode sentir muita confiança... pois nada de mal atravessa essa bolha... você pode ver e ouvir... e essa bolha o protege de tudo que é negativo... nada de mal passa de fora para dentro... e este ser coloca um cesto de cada lado de você... um cesto está vazio... mas o outro está cheio de moedas mágicas de ouro...

E ao olhar para o caminho... você vê uma grande quantidade de pessoas... vindo em sua direção... algumas pessoas são muito familiares... e outras você nem se lembrava delas... mas em algum momento elas fizeram parte da sua vida... e elas começam a formar uma fila próxima a você... mas protegida pelo amor desse ser de luz... você consegue enxergar a melhor parte de cada um... é tão interessante perceber que mesmo pessoas que você achava que eram más... possuem tantas qualidades...

Você chama a primeira pessoa da fila para ficar a sua frente... olha para ela e consegue enxergar tudo de bom que ela tem... e lembra que ao menos uma vez vocês se magoaram... e com os olhos de amor... você pega uma moeda de ouro do seu cesto ao lado... entrega a ela... e diz... estou te pagando o que te devo... me perdoe... ela recebe sua moeda... e responde que te perdoa... tira uma outra moeda de um de seus bolsos... e te entrega... e diz assim como eu te perdoo... te pago agora e te peço que me perdoe... você recebe a moeda... põe no cesto que estava vazio... e responde... eu te perdoo e recebo... não temos mais dívidas um com o outro... e ela se vai...

E você permite que o próximo fique a sua frente... entrega a sua moeda... pede perdão... paga sua dívida entregando a moeda... e a pessoa faz o mesmo... você recebe a moeda e coloca em seu cesto... dizendo assim como você me perdoa... e me paga sua dívida... eu te perdoo... e te pago minha dívida... e ela se vai... e continua a fazer isso com cada um da fila... é tão interessante pagar dívidas e receber pagamento de pessoas de que você nem se lembrava... e tão curioso que mesmo pegando suas moedas de ouro... o seu cesto não esvazia... e o que estava vazio enche tão rápido...

E você pode fazer isso pelo tempo que quiser... pode fazer isso em qualquer momento... mais e mais... (pode deixar um minuto em silêncio se preferir).

É tão bom reencontrar estas pessoas... ver que elas não são más... apenas permitiram que suas dores fossem expostas... é tão bom ver que cada um precisa seguir seu caminho... é tão bom saber que todas estas pessoas de alguma forma contribuíram para você chegar até aí... e você segue pagando e recebendo... perdoando e sendo perdoado... e você vai recuperando tudo que havia perdido... magicamente os seus cestos se transformam em tesouros... tesouros que você pode carregar com você... pode guardar onde quiser... e você percebe que a bolha que antes te envolvia... agora envolve cada célula de seu corpo... não é mais uma bolha... mas faz parte de você... todo o seu ser é protegido pelo amor... a forma mais pura de amor...

E tudo que você recebeu e possui... também está na forma de amor... que você pode trazer para a sua vida... pode trazer de volta para o mundo... isso mesmo... e não importa quanto você pegue... sempre haverá mais nesses cestos esperando por você... esses cestos sempre e cada vez mais e mais fica com vida... a sua vida... e você pode recolher as coisas... e levá-la com você e você pode sair e voltar e pegar mais quantas vezes você quiser..... para sempre e para sempre...

E inspirando e expirando traga com você... tudo o que você gostaria de trazer com você agora... e você pode voltar ao caminho e encontrar a sua sombra sempre que quiser... mas lembre-se... de que tudo o que você pegar e trouxer para o mundo exterior... deve ser compartilhado com aqueles do mundo exterior... e aqueles ao seu redor... porque neste campo... da sua sombra e dos seus cestos... estão no seu caminho... e ele permanece aberto para você... e sempre estará aberto pra você... apenas se... apenas se você compartilhar com aqueles ao seu redor... e na medida em que você compartilhar todos os seus tesouros maravilhosos... na medida em que você compartilhar todos os seus tesouros maravilhosos com outras pessoas... os seus tesouros... permitirão que estas pessoas sejam conhecidas por você cada vez mais em níveis mais e mais profundos...

E todos os seus tesouros vão se mostrar a você como novos hábitos... os seus tesouros vão se tornar conhecidos pra você... na forma de novos sentimentos... os seus tesouros vão se tornar conhecidos para você como novas direções, para você e para as pessoas que você conhece... e para todos aqueles que você vai conhecer... isso mesmo... muito bem.... então agora recolha tudo o quê você desejar... enquanto você se prepara para voltar e voltar para o mundo externo... na medida em que você começa a subir, subir, subir para fora deste campo... olhando para a esquerda e para a direita... saindo, saindo para o mundo exterior agora fora do caminho... agora para dentro da vida... dentro da sua vida e o calor da sua vida ao sol... muito bem... agora... olhando para o caminho... voltando pelo caminho de volta de volta... pelo caminho que você tinha ido... lembrando que se você compartilhar os seus tesouros... a sua sombra sagrada sempre estará lá para você ... esperando por você com mais ainda... muito bom... a sua sombra de possibilidades totais... muito bem...

E agora eu vou contar de 10 a 1... e quando eu chegar no 1... de uma maneira confortável e relaxada... sabendo que você tem estado disponível para si mesmo e para aprender nos mais profundos níveis... sem nem ao menos saber como você tem aprendido... e quando eu chegar no 1 você vai estar alerta e completamente aqui de volta... preparando-se plenamente... para estar no aqui e agora... e curioso em relação a que tesouros você vai compartilhar com alguém hoje... que tesouros você vai compartilhar com alguém a partir de hoje... 10, 9, voltando, subindo, subindo de forma confortável e segura... 8, 7, relaxado e focado de uma maneira agradável... 6, 5, 4, perfeitamente imperfeito... 3, 2, e 1... 1... então tenha um(a) dia/noite atípica cheia de paz e agradável... ou não... e eu vejo você em algum Amanhã (algum dia)... OBRIGADO!

"Cria em mim um coração puro, ó Deus,
e renova dentro de mim um espírito estável."
Salmos 51:10

Quando eu não consigo perdoar

"Onde abundam as dores brotam os licores."
Sigmund Freud

Algumas vezes, mesmo tendo decidido perdoar algumas pessoas, sentimos que não conseguimos fazê-lo. Mesmo tendo compreendido todas as razões, o contexto, e até mesmo decidindo perdoar, é como se não conseguíssemos perdoá-las. Serão estas pessoas ou o que elas fizeram conosco imperdoáveis? A resposta seguramente é não.

Como amplamente descrito aqui, todas as nossas memórias estão associadas a sua carga emocional. E essa forma de armazenamento passa pelos filtros de nossa subjetividade, não existe uma receita, tampouco uma técnica eficaz para todas as nossas mágoas e que seja eficiente para todas as pessoas. Assim como somente você viveu sua experiência, somente você poderá saber o quanto desafiante possa ser perdoar algo ou alguém, mesmo já tendo se decidido por isso.

Algumas pessoas possuem elevada relevância em nossas vidas, que independentemente de suas atitudes e comportamentos não somos capazes sozinhos e de uma só vez de perdoá-los. Nossos vínculos se sustentam em nossas feridas, não queremos tirá-las de nossas vidas. É como se a simples ideia de que, se elas não existissem, nós também não existiríamos, e talvez isso seja muito forte. E por isso é tão desafiante perdoá-las.

Achamos que não conseguimos perdoar algumas pessoas, por ser a dor, a mágoa, o único vínculo que nos liga a elas. Ou por não sermos capazes de lembrar as coisas boas que vivemos ou exatamente por terem sido tantas coisas boas que pensamos não ser possível aceitar suas falhas, ficamos aprisionados em nosso senso de justiça. Não importa a razão, mantido nosso propósito de nos livrarmos de nosso lixo emocional, ainda há o que fazer. Então, mais uma vez mãos à obra.

Você deve ler todo o capítulo primeiro, e se preferir grave as instruções abaixo para ouvir, ao invés de ficar tentando ler ou lembrar-se. Busque um lugar tranquilo e seguro onde possa dispor de aproximadamente uma hora sem ser interrompido. Desligue telefones e toda provável interferência que possa vir a atrapalhar sua decisão. Mas, se por acaso algo lhe interromper, não se preocupe e tão logo seja possível retome seu propósito.

A melhor posição para dar início a sua prática é sentado ou levemente recostado, evite deitar-se para que não durma ao longo do processo. Ainda que ao final possa parecer que dormiu, não se preocupe.

De forma calma e tranquila, observe sua respiração, mantenha-a de forma natural sem precisar fazer longas inspirações, mas, se sentir necessidade na busca de um maior relaxamento, faça.

Observe se há algum ponto de tensão em seu corpo e relaxe, sinta-se confortável e seguro e continue respirando suavemente.

Busque em sua memória aquela parte do seu inconsciente responsável pela sua mágoa e identifique a intenção que ela tem de unicamente proteger você. Agradeça por ter cuidado de você.

Talvez seja mais fácil se você fechar os olhos e imaginar como você quer se sentir após perdoar essa pessoa. Sinta, intensamente, como será quando você estiver livre dessa mágoa? E, na medida em que estiver sentindo como se já estivesse perdoado, abrace-se, isso mesmo, dê um abraço em você mesmo.

Você pode até fazer movimentos de alegria, andar pelo cômodo, dar pulos, igual a quando você está muito feliz, sentindo-se leve e vibra com alguma boa notícia. Faça isso por alguns segundos e sente-se.

De olhos abertos ou fechados, imagine uma sala de cinema, visualize a tela de projeção, as cadeiras e veja a cabine de projeção, o lugar de onde o vídeo é projetado. E como se você lá estivesse, você pode se ver sentado(a) em uma cadeira da sala esperando para assistir a um filme. É você de dentro da cabine de projeção se vendo sentado(a) no cinema, esperando para assistir a um filme.

Selecione o rolo do filme de vídeo de sua vida que contenha o momento mais forte de sua mágoa, qual o fato que mudou sua relação com a pessoa a quem quer perdoar. Identifique como era antes desse fato, o momento quando tudo ainda estava bem, e a cena posterior, quando você teve de aprender a conviver com tudo isso.

De dentro da cabine, você pode se abraçar feliz por saber como irá se sentir quando esse filme acabar e veja a si mesmo na tela do cinema, veja-se de dentro da cabine apenas assistindo ao filme na tela.
Veja o filme em preto e branco, desde o início quando tudo ainda estava bem, até depois, quando já estava sentindo a mágoa. Tudo isso na tela do cinema em preto e branco, e coloque no filme o final que deseja.

Sinta-se como se estivesse lá no filme, e coloque cores na imagem. Como quem quer assistir de novo algo agradável, volte o filme rapidamente. Volte à cabine de projeção e refaça todo o procedimento do filme ao menos por mais duas vezes.

Consciente do final do filme, pense em como será quando esse final acontecer em sua vida.

Você pode repetir esse processo com tantas pessoas quanto desejar, apenas sugiro que não o faça seguidamente. Permita-se ao menos um dia de intervalo para cada vez que quiser usar esse procedimento.

"Pois tu, ó Deus, nos submeteste à prova
E nos refinaste como a prata."
Salmos 66:10

E agora, como vai ser?

"Eu vejo um novo começo de era. De gente fina, elegante e sincera, com habilidade para dizer mais sim do que não."

Lulu Santos

Talvez um dia tenhamos o privilégio de nos conhecermos pessoalmente, talvez nunca saibamos nada um do outro, não sabemos quanto tempo mais estaremos por aqui e, quem sabe, se nos encontrarmos iremos lembrar de algo que tenhamos compartilhado, o que importa?

Uma coisa eu quero que saiba, se nada mudou, me perdoe. Eu realmente desejei que pudesse ter contribuído com algo em sua vida, foram dias de dedicação e estudos. Todas as palavras foram escolhidas para que pudessem ser úteis a você de alguma forma. Longe de mim ter investido tanto tempo e não ter a intenção de contribuir para o crescimento de alguém, neste caso você. Você que também dedicou horas de seu tempo à leitura e talvez à aplicação das técnicas sugeridas. E eu realmente desejo que tenha conseguido se livrar, senão de todas, da grande maioria de suas mágoas.

Jamais permita que minhas limitações impeçam seu crescimento, busque mais, persista, peça ajuda, mas não abandone seu propósito. Já é muito desafiante manter-se equilibrado diante de tantos desafios a que somos submetidos, quer consciente, quer inconscientemente. Persevere em sua cura emocional, cuide de cada lembrança desagradável, trate suas dores, mas principalmente perdoe.

Muitas ofensas são evitáveis com apenas um pouco de atenção, mas, aquelas que a partir de agora passarem por seu sistema de proteção, perdoe e livre-se delas o quanto antes. Somente o perdão e o amor genuíno podem fazer a diferença na direção em que estamos caminhando.

Perdoar nos aproxima de Deus, nos cura e nos liberta. O perdão é o exercício de nossa "divindade", é submissão a Deus, é Ele que através de seu amor irá operar para que você consiga livrar-se completamente de suas dores. Busque Deus na sua prática, trabalhe firme na direção da sua decisão. CURE SEU PASSADO, ANTES QUE SEJA TARDE!

> *"Quanto a você, porém, permaneça nas coisas que aprendeu e das quais tem convicção, pois você sabe de quem o aprendeu."*
> 2 Timóteo 3:14

Cure seu passado!

Bibliografia

ALEXANDER, F. G.; SELESNICK, S. T. História da Psiquiatria: Uma Avaliação do Pensamento e da Prática Psiquiátrica desde os tempos primitivos até o presente. Trad. Aydano Arruda. 2. ed. São Paulo: IBRASA, 1980.

ALMEIDA, D. Considerações neuropsicofisiológicas sobre a couraça muscular. In: CONVENÇÃO BRASIL LATINO AMÉRICA, CONGRESSO BRASILEIRO E ENCONTRO PARANAENSE DE PSICOTERAPIAS CORPORAIS. 1., 4., 9., Foz do Iguaçu. Anais... Centro Reichiano, 2004. CD-ROM. [ISBN - 85-87691-12-0]

BALLONE, G. J. ; ORTOLANI, I. V.; NETO, E. P. Da Emoção à Lesão: Um Guia de Medicina Psicossomática. Barueri, SP: Manole, 2007.

BANDLER, R.; GRINDER, J. Sapos e Príncipes. Summus Editorial.

BANDLER, R.; GRINDER, J. Atravessando. Summus Editorial.

BANDLER, R.; GRINDER, J. Ressignificando. Summus Editorial.

BANDLER, L. C.; LEBEAU, M. O Refém Emocional. Summus Editorial.

BANDLER, R.; GRINDER, J. A Estrutura da Magia Ed. Guanabara

BOTEGA,N. J. Prática Psiquiátrica no Hospital Geral: Interconsulta e Emergência. Porto Alegre: Artmed, 2006.

CAMPOS, L. F. L. Métodos e Técnicas de Pesquisa em Psicologia. Campinas, SP: Alínea, 2001.

CURY, A. J. Treinando a Emoção para Ser Feliz. São Paulo: Academia da Inteligência, 2001.

DAMÁSIO, A. R. O Erro de Descartes: emoção, razão e o cérebro humano. São Paulo: Companhia das Letras, 1996.

DILTS, R. B. A Estratégia da Genialidade: Como Utilizar a Programação Neurolinguística para entender a genialidade Albert Einstein. Trad. Heloísa Martins-Costa. São Paulo: Summus, 1999.

DILTS, R.; HALLBOM, T.; SMITH, S. Crenças. Summus Editorial.

DOSSEY, L. *Space, Time and medicine.* Cultrix: 1998.

ELIAS, M. T. As emoções e seus impactos sobre o corpo na visão do Ayurveda. In: ENCONTRO PARANAENSE, CONGRESSO BRASILEIRO DE PSICOTERAPIAS CORPORAIS, XVII, XII, 2012. Anais. Curitiba: Centro Reichiano, 2012. [ISBN – 978-85-87691-22-4]. Disponível em: www.centroreichiano.com.br/artigos. Acesso em: 17 set. 2015.

EPELMAN, D. Mude Sua Vida com PNL. Edição Independente.

JUNG, C. G. Psicologia do inconsciente. Tradução de M. Luiza Appy. Petrópolis: Vozes, 1985.

MOINE, D.; HERD, J. H. Modernas Técnicas de Persuasão. Summus Editorial.

O'CONNOR, J. Manual de Programação Neurolinguística – PNL. Qualitymark.

O'CONNOR, J. Sucesso em vendas com PNL. Summus Editorial.

ORGANIZAÇÃO MUNDIAL DE SAÚDE (Coord.) – CID-10. Trad. Centro Colaborador da OMS para classificação de doenças em português. 10. Ver. São Paulo: Universidade de São Paulo, 2000.

ROBBINS, A. O Poder sem Limites. Ed. Best Seller.

ROBBINS, A. Desperte o Gigante Interior. Ed. Record.

SPRITZER, N. Pensamento & Mudança. L&PM Editores.

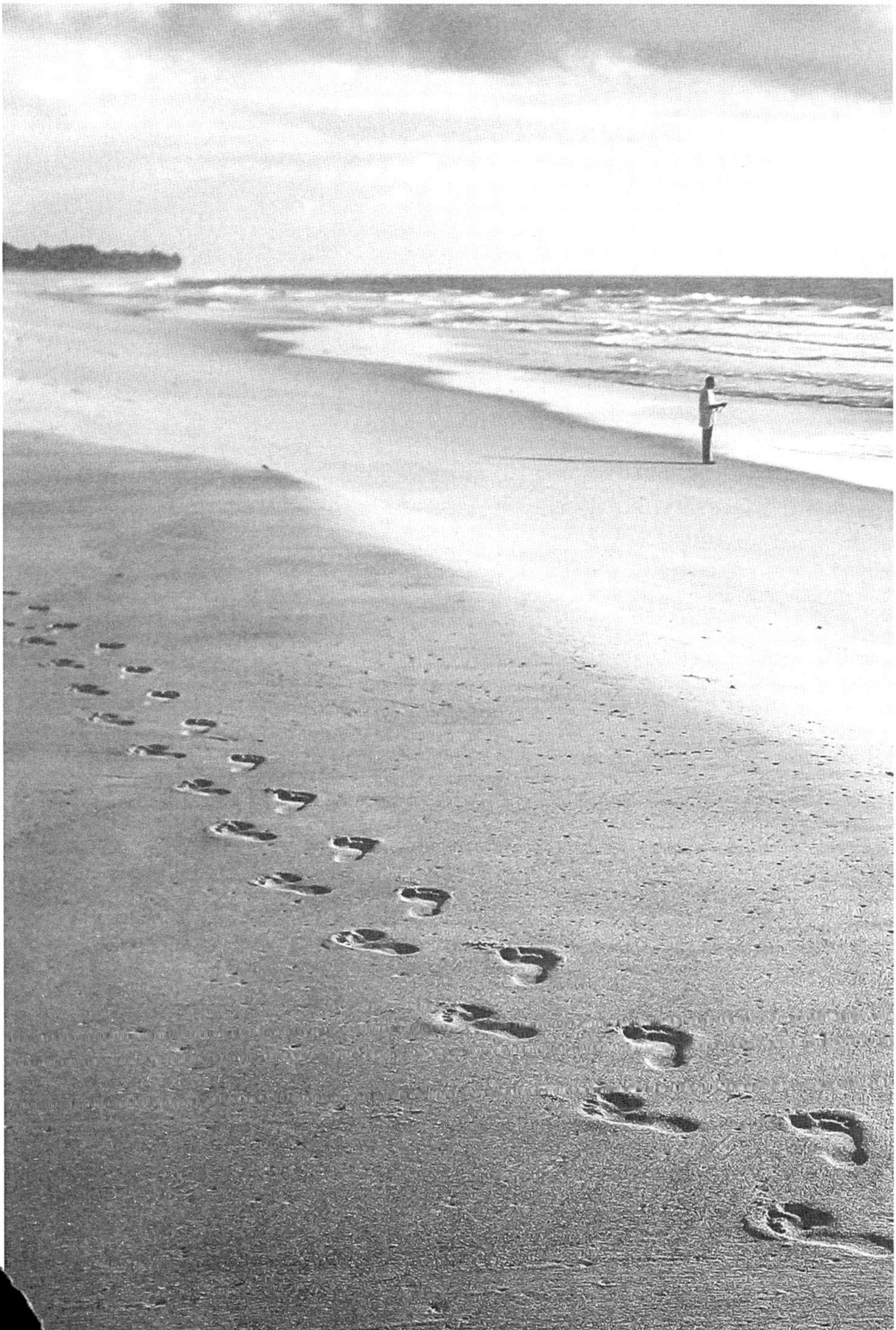

Prezado leitor,

Você é a razão de esta obra existir, nada mais importante que sua opinião.

Conto com sua contribuição para melhorar ainda mais nossos livros.

Ao final da leitura acesse uma de nossas mídias sociais e deixe suas sugestões, críticas ou elogios.

WhatsApp: (11) 95967-9456
Facebook: Editora Leader
Instagram: editoraleader
Twitter: @EditoraLeader